新 潮 文 庫

最後の秘境　東京藝大

—天才たちのカオスな日常—

二 宮 敦 人 著

新 潮 社 版

11060

はじめに

奥様は藝大生

僕の妻は藝大生である。

一方の僕は作家で、よくホラー小説やエンタメ小説を書いている。

今、僕が原稿を書いている横で、妻はノミに木槌を振り下ろしている。ドッカンドッカン大きな音が家賃六万円のアパートに響きわたり、無数の木屑が飛び散る。書斎は木の破片だらけ。原稿の真上にも飛んでくる。工事現場みたいな室内になっているけれど、森に似たいい匂いがする。

妻が作っているのは木彫りの陸亀。フローリングの床に大きな足をどっしりとおろし、首を軽く傾けてこちらを見ている。

サイズは、枕をもう二回り大きくしたくらい。一本の巨大な木の塊から彫り出したものだ。もちろん、とてつもなく重い。うちは四階でエレベーターなしだから、部屋に運びこむのを手伝わされた時は腰が砕けるかと思った。

　妻がやや距離を置いて亀を眺め、うんうんと頷いている。

「完成？」

　僕は問いかける。その亀は以前見た時と比べてはるかに細部が整っていた。妻は僕に背中を向けて首を傾げた。うなじは黒く日焼けしていて、腕は太くたくましい。

「うーん。フェルト……」

「フェルト？」

「甲羅にフェルト貼ろうかなって思う」

「甲羅にフェルト？」

　何のために？

「そんで、座れるようにする。うん。それだ……」

　座ってどうする？　意味あるのか？

　僕はしばらく考え込んだ。それは芸術家として、藝大の彫刻科に籍を置く者として、何らかの表現だとかアンチテーゼだとかメタファーだったりするのだろうか――。

　だけど妻は能天気な顔で続けるのだ。

「亀に座れたら楽しいからねえ」

案外こんなものらしい。

皆さんは東京藝術大学、通称「藝大」をご存じだろうか。

僕は芸術とは縁が薄いほうで、たまに美術館やコンサートに足を運んでみることはあっても「なんかすごい」か「よくわからない」程度の感想しか言えない人間である。

なぜ、そんな僕が藝大について調べ始めたのか。それは現役藝大生である妻がきっかけだった。とにかく妻が、面白いのだ。

体に半紙を貼り始める妻

あれは冬も深まりつつある頃、深夜であった。僕がふと目を覚ますと、横に妻がいない。かわりに隣の書斎に明かりがついていて、嵐のような轟音(ごうおん)がする。おそるおそる様子を窺(うかが)い、僕は見た。

顔面に紙を貼り、ドライヤーを当てて乾かしている妻の姿を。

初めはパックかと思ったが、違うのである。妻の傍らには書道用の半紙があり、脇(わき)にはでんぷん糊(のり)の壺(つぼ)、そして水をたたえたボウル。

妻は水で溶いた糊を使って、半紙を顔に貼りつけていたのだ。

それも一枚ではなく何枚も重ねているので、妻の頭部はさながらミイラのよう。目の部分にだけ小さな穴が空いていて、「まずいところを見られた」という感じで妻がまばたきしていた。

怪奇事件である。

そのまま扉を閉めて見なかったことにしようかとも思ったが、勇気を出して僕は聞いた。

「何……してるの？」

妻もぼうっと僕を見て、答える。

「課題……よ」

彫刻科の課題で、妻は自分の等身大全身像を作ることにしたのだそうだ。だが、粘土で一から作り上げるのは大変である。できるなら手を抜きたい。そこで妻は考えた。

自分の型を何とかして取れないだろうか……。

しかし、石膏（せっこう）で顔面の型なんか取ったら窒息して死んでしまう。妻は閃（ひらめ）いた。紙を使おう。暖房を全開にし、下着姿になり、体に半紙を貼りつけてギプスのように糊で固める。乾いてから取り外せば、全身の型が完成というわけだ。首尾よく作業を進め、顔面に取り掛かったところで、僕に見つかったらしい。

「できた」

妻は顔面からぺりぺりと紙型をはがし、ひょいと脇に置いた。それはまるでデスマスクだ。あたりには腕、足、腰などの、すでに型どりを終えたパーツたちも無造作に転がっている。バラバラ殺人の事件現場のようで、僕の書斎は不穏な空気に包まれてしまった。

何というか、ショックを受けた。

僕は、これまでもこれからも自分の型を取ることはないと思うのである。いや、大抵の人がそうだと思う。だが妻は自分の型を取る。どうやって取るか真剣に考え、顔に半紙を貼る。

そこに、全く別世界に生きる人の気配を感じたのだ。

ガスマスクを売る生協

それからちょくちょく妻に藝大の話を聞くようになった。さほど突っ込んだ話をしているわけではないが、妻の回答はいつも〝斜め上〟だ。

「今、学校では何作ってるの?」

「ノミ」

「え？　……ノミって、虫の？」

「道具のノミ」

　木や石を削るために使う、あのノミである。少なくとも彫刻を作っていると思っていたのだが……。まずは彫刻を作るための道具を作るそうだ。元となる既製品の先端を叩(たた)き、形を整え、焼きを入れるなどして、自分用のノミを作り上げる。道具はどこかで購入してきて終わり、ではないらしい。

「今日は随分早く行くんだね」

　妻は玄関で靴ひもを結んでいる。

「うん。入試が近いからみんなで教室の掃除をするんだ」

　入学試験が行われる教室には、制作中の彫刻や、完成したまま放置されている作品が無数に転がっているので、それらを外に出さなくてはならないという。

「それって、物凄(ものすご)い力仕事じゃない？」

「そうね。でも、みんなでやると早いよ」

　聞けば、みな何十キロもある作品をバンバン外に運び出していくらしい。「こんなの持てなーい」などと口にする女子は皆無。なんと逞しいことか。

「大変だろうね。大きい作品もあるだろうし……」

「そういえば、先輩の作品にでっかい馬があったんだけどね、それは外に出そうとしても出せなかった。大きすぎて入口でつっかえちゃって」

「……え？　それ、どうしたの」

「真っ二つに切断して出したよ」

豪快すぎる。それにしても、作る前に気づかないのだろうか。

「何か準備してるみたいだけど、旅行にでも行くの？」

妻はリュックサックにせっせと物を詰めている。

「明日からコビケンなんだ」

「コビケンって？」

「古美術研究旅行。二週間、奈良の宿舎に泊まって、京都や奈良の仏像を見学するの」

「なるほど、お勉強か。大変そうだね……」

「藝大生だと特別に、普通は入れないお寺の結界の内に入れたり、一般公開されていない仏像も見られるんだって」

「え……」

「それに教授やお寺の人の解説つきだから、旅行が終わる頃には仏像を見るだけでどの時代のどの様式かとか、パッとわかるようになってるらしいよ」

「なにそれ僕も行きたい」

研究旅行一つとっても、一味違うのである。

　こんなこともあった。

ある日、僕は台所で缶詰めを見つけた。

「あれ、ツナ缶買ったの？」

パッと見はツナ缶に思えたのだが、よく見ると覚えのないパッケージである。蓋は開いていて、白い繊維質のものがぎっしりと詰まっていた。指で押してみると固い。

一体なんだ、これは？

　本を読んでいた妻がこちらを見て言った。

「あ、それガスマスクよ」

「ガスマスク？」

「そ」
ガスマスクを思い浮かべてほしい。口の先に丸いものがついているのがわかるだろうか。このツナ缶はあの丸い部分だそうだ。フィルターという毒を濾過するためのパーツで、一定期間で交換する。つまり僕が今、手にしているのはそのフィルターであり、中にはたっぷり濾し取られた毒が詰まっているわけだ。

これはまずい。

思わず手を離すと、ツナ缶状のフィルターは音を立てて落ち、かすかな埃が舞った。

「まだほとんど使ってないから大丈夫だよー」

妻は笑ってそれを拾い、「変な感触だよね」とフィルターを指でぷにぷに押す。やめろ。毒で死ぬぞ。そもそも台所に置かないでくれ。

「樹脂加工の授業で使うんだよ」

妻はのほほんと言ってのける。彫刻科では木や金属、粘土の他に樹脂を扱う授業がある。樹脂加工の際には有毒ガスが発生するので、学生はみなガスマスクを購入するそうだ。

「こういうの、どこで買うの？　やっぱりそういう専門店があるの？」

妻は首を傾げた。

「ううん。生協」

藝大の生協にはガスマスクが売っているのだ！

聞けば他にも指揮棒などが売られているという。指揮棒が消耗品かどうかすら、気にしたことがなかった。

何もかもが僕にとっては新鮮で、いちいち驚いてしまう。しかし妻はといえば、きょとんとしている。「それって、そんなに珍しいことなの？」と言わんばかり。この人の通う大学は、思った以上に謎と秘密に溢れているようだ。

こうして僕は、秘境・藝大について調べ始めたのである。

最後の秘境　東京藝大　天才たちのカオスな日常　目次

最後の秘境　東京藝大

天才たちのカオスな日常

1．不思議の国に密入国

立ち並ぶ彫刻とホームレスの皆さま

藝大のメインキャンパスは上野にある。

上野動物園。国立科学博物館。東京文化会館。国立西洋美術館。様々な文化的施設が立ち並ぶ街だ。広場では大道芸人が曲芸をしていたり、錦鯉（にしきごい）や盆栽の展示販売会が行われていたりする。アメヤ横丁というパワフルな商店街もあれば、一日中エロ映画を流しているオークラ劇場という怪しい映画館もある。

駅から広場を抜けて歩いていくと、芝生の中に彫刻がたくさん並んでいるのに気がつく。藝大の学生や教授の作品がさりげなく飾られているのだ。もっとよく目をこらすと、その合間にホームレスが寝転んでいたり、何か食べていたりもする。

妻は言っていた。

「キャンパス内にもホームレスさんの家があるよ。取手キャンパス（茨城県取手市）

には普通にあった」

　僕は聞いた。

「え？　それって段ボールハウスってことだよね。守衛さんに追い出されたりしないの？」

「追い出されないみたいだね」

「…………」

「たまに、お菓子を置きっ放しにしてるといくつか取られてる」

　まるで野リスのような扱いである。

　訪れる前から、藝大の懐（ふところ）の深さを感じざるを得ない。

オペラとゴリラの境界線

　藝大に近づくにつれ喧騒（けんそう）が遠ざかり、緑が増えていく。赤レンガの塀の中、校舎が現れた。キャンパスは二つに分かれていて、道路を挟んでそれぞれの校門が向かい合っている。

　上野駅を背にして左側は美術学部、〝美校〟と呼ばれている。絵画、彫刻、工芸、建築……いわゆる美術に関する学科が、こちらのキャンパスにある。

右側は音楽学部、〝音校〟だ。ヴァイオリンやピアノ、あるいは声楽など、いわゆる音楽に関する学科がこちらのキャンパス。

音楽と美術の両方を擁しているのが藝大の特徴の一つでもある。

実際にその境界線に立ってみると、不思議な感覚を覚える。

行きかう人の見た目が、左右で全然違うのだ。

音校に入っていく男性は爽やかな短髪にカジュアルなジャケット、たまにスーツ姿。女性はさらりとした黒髪をなびかせていたり、抜けるような白いワンピースにハイヒールだったりする。大きな楽器ケースを担いでいる学生もちらほら。みな姿勢が良く表情が明るいため、芸能人のごとくオーラを放っている。バッハのような髪型の中年男性も見かけた。どうやら教授のようだが……。

対して美校の学生たちは……ポニーテールの、髪留め周りだけ髪をピンクに染めている女性。真っ赤な唇、巨大な貝のイヤリング。モヒカン男。蛍光色のズボン。自己表現の意識をびりびりと感じさせる学生がいる一方で、まるで外見に気を遣っていないように見える学生も多い。ぼさぼさ頭で上下ジャージだったり、変なプリントがされたTシャツだったりが通り過ぎる。数人に一人は、眉間に皺をよせて俯き、影を背負ったような顔をしている。

数分も眺めていれば、歩いてくる学生が音校と美校のどちらに入っていくか、わかるようになってくる。

音校からはかすかに楽器の音が聞こえてくる。駅に向かう二人組の男性が、何気なくオペラの一節を歌っていた。軽く口ずさむ、という雰囲気なのだが、よく通る美声で音程も完璧。そして何気なくハモっていて、思わず聞きほれてしまう。声楽科に所属する方だろうか。

対して、美校からはゴリラのドラミングが聞こえてきた。上野動物園に所属する方だろう。

美校——ものを作る——

まず、美校を覗いてみることにした。案内役は美校の中でも特に外見に気を遣っていないだろう人物の一人、妻だ。今日の姿は上下抹茶色のジャージ。木屑があちこちにくっついているばかりか、頬には白く固まった石膏までつけている。言うまでもなく、化粧はしていない。

「どうせ汚れるしねー」

それが妻の言い分だ。

彼女は予備校時代「眉毛繋がり」で有名だったそうだ。木炭デッサンの際、集中するあまり額の汗を素手で拭う。すると手の墨が顔について、眉毛が繋がってしまう。しばしば髭が生えたりもする。もちろん、それを洗い流さずに平気で過ごしているのは妻くらいなのだが……。

美校の校門をくぐる時、鉢巻をしてツナギに身を包み、全身泥だらけのおじさん集団とすれ違った。美校では校舎の補修工事か何かをしているらしい。時間帯から言って、ちょうど昼休憩というところだろう。熟練の肉体労働者とおぼしき彼らからは、働く男の汗の匂いがした……と、その時、妻が言った。

「あれが彫刻科の教授、あれが准教授、あれが助手さんだよ」

僕は思わず二度見した。どれだけ目をこらしても、やはり工事現場の方々にしか見えない。

そう、美校では体の汚れは避けて通れない。

油絵では大きなカンバスに向き合い、筆で塗りたくる。彫刻では巨大な木や石を削る。絵の具まみれ、あるいは泥まみれになる世界なのだ。最低でもエプロン、大抵はツナギやジャージが彼らの制服。炎天下で石にノミを叩きつけていれば汗もかく。だから鉢巻やタオルを頭に巻くし、日焼けもするわけだ。

美術は肉体労働なのである。

美校の中は、いい意味で荒っぽい。

守衛所の前には巨大なトラックが止まっていた。宅配便のトラックなのだが、よく街で見かけるタイプではない。サイズはタンクローリーほどもあり、荷台が横に跳ね上がる。中には引っ越しと見まがうほどの量の荷物が詰め込まれていて、学生が駆け寄って来ては宅配便のお兄さんと一緒に運び出している。おそらく美術用の材料か、作品だろう。男子学生も女子学生も、力を合わせて大きな荷物を運んでいく。

少し歩いた先には石だの木だのが大量に転がっている。「三年　野村」などと名前だけ書かれて、野ざらしになっているのだ。材料置き場なのだろう。遠目からは粗大ゴミ置き場に見えるが……。

不思議なのは、彫像がやたらと多いことだ。茂みの中とか建物の陰とか、とにかく所狭しと林立している。

「なんかいっぱいあるけど、誰なのかよくわからないんだよね」

妻が言うように、一般的な大学と比べても明らかに多すぎるため、ありがたみがない。

他にも学生の作品なのだろう、絵や彫刻などがそのへんにぽいと置かれてあり、さながら美術館の倉庫のようだ。

中には作りかけの彫刻もある。大理石から半分だけ人間が現れていたりして、面白い。片側には躍動感が漲（みなぎ）っているのに、反対側はまだ「ただの石」なのだ。そこでは人間の手によって今まさに芸術が生み出されつつあり、完成品とはまた別の感動があった。

教授陣が制作中の作品も、あっさりとそのへんに置かれている。こんな大きくて重いものを盗んでいく奴（やつ）もいないのだろうけれど、おおらかなものだなあ。

妻の腕が筋肉質なわけ

彫刻棟の中に入ってみよう。

そこはまるで工場だった。天井からは二トンの物体を持ち上げられる強力なクレーンが吊（つ）り下げられ、巨大な加工機械が並んでいる。大きな木を切る機械、石を削る機械と、なんでもありだ。部屋は広く天井も高く、小さめの体育館ほどの空間がある。

教授も、四年生も、一年生も、みんな一緒に肩を並べてここで彫刻を作るそうだ。

時々、教授たちが回ってきてアドバイスをしてくれたり、あるいは自分から教授に質問しにいくこともある。

棚にはノコギリだとか、ペンキ缶だとか、いろいろな道具が並んでいる。大小様々なサイズのチェーンソーもあった。

「このチェーンソー、持ってみてもいい?」

「いいよ」

僕は一番大きい奴を持ち上げてみ……持ち上げてみ……持ち上がらない! 大の男が腰を入れても、簡単には持ち上がらない。その重量たるや、六十キロ。大人ひとりを抱えて持つようなものだ。妻の腕が筋肉質な理由がよくわかった。

「これじゃホラー映画みたいに振り回すのは無理だね」

少なくとも常人には。妻が頷く。

「実際には重みに従って下ろして、縦に切るように使うんだよ」

なるほど。なお、傍にはハンドクリーナー程度の大きさのものもあった。これなら僕でも振り回せる。ホラー小説の敵役にはこっちを持たせよう。

工場っぽい外見は、どこまでも続く。

例えば金属加工を行う部屋では、金属を裁断する機械や、金属を削る機械が置かれている。八人掛けのテーブルほどもある機械で、ばっちんばっちんと鉄板を切っていくのだ。脇では面をつけて火花を散らしながら、溶接をしている人の姿も見える。鋭い音が響き渡っている。

謎の実験装置のようなものが、何台も並んでいる。宇宙船の一部のような、金属で覆われた四角い箱型。扉は固く閉ざされていて、バルブが据え付けられている。これは陶芸で使う窯だった。点灯しているオレンジのランプは、燃焼中であることを示しているそうだ。たまに中で爆発が起きるらしい。爆発って……。

版画研究室を覗くと、部屋の中にまるで喫煙所のように区切られ、密閉されたスペースがある。銅版画のために作られた場所だ。銅板に薬品をかけ、化学反応を起こして絵を描くのである。この際に有毒ガスが発生するため、隔離されているというわけだ。これもなかなか怖い。

染織を行っている教室には、銀色の壁で覆われたシャワー室のようなものがある。これはスチームルーム。強烈な蒸気を吹きかけて、染色するための設備だ。お隣にはぼこぼこ泡立っている大釜。聞くと、水酸化ナトリウム溶液を沸騰させているらしい。とても危ない。その脇には小さ目のプールが三つ。布を抱え、大釜とプールを行ったり来たりしている女性の姿が見える。布を薬品と冷水に交互に漬けこむことによって行う染色があるそうだ。あたりには様々な色合いの布が洗濯物のようにかけられていて、棚には薬品の瓶がずらり。硫酸だとか塩酸だとか、劇薬の名前もある。
建築科には構造実験室という部屋があり、そこでは破壊実験を行っている。物体に圧力をかけたり、引っ張ったりする機械が置かれていて、これで素材の強度を計り、建築の設計に応用するそうだ。稼動(かどう)中は轟音(ごうおん)が響く。

僕はいつのまにか、美術の裏側に入り込んでいた。
確かに茶碗(ちゃわん)を作るには巨大な窯が必要だし、金属を曲げるには特別な機械がいる。日常の道具は、こうした異世界からやってきていたらしい。ものを作る、とはこういうことだったのか……。そりゃあガスマスクくらい、生協で売るはずだ。

上野動物園のペンギンを一本釣り？

ところで美校の敷地は、上野動物園とフェンス一つで接している。そのためか、動物園絡(がら)みの伝説をいくつか聞いた。
いわく「学生が絵画棟からペンギンを一本釣りした」「鹿(しか)を盗んできて焼いて食べた」「酔った勢いでペンギンをさらい、冷蔵庫で飼おうとしたが死なせてしまった」

「藝大生は無料で上野動物園に入れたが、悪行のためにダメになった。上野の博物館や美術館は学生証を見せれば無料で入れるのに、動物園が例外なのはこのため」……。

真相を確認したところ、どうやらこういう顚末らしい。

ある日、上野動物園でペンギンが一頭死んでしまった。一人の学生が死体を貰い受け、一時的に染織専攻の冷蔵庫に保存した。それを知らない教授が冷蔵庫を開け、大騒ぎになった……。

当時はフェンスが低く、大らかな時代でもあったため、藝大生は境界線を乗り越えて動物園に入り、動物たちをデッサンしていたそうだ。それが現在は難しくなったことと、ペンギン冷蔵庫事件とが合わさって、伝説が形成されたと思われる。

ある美校の学生からは、こんな話も。

「動物園って『ライオン』とか『トラ』とか立札があるじゃないですか。工芸科の学生が『ホモ・サピエンス』の札をそっくりに作って、藝大との間のフェンスにかけたそうです」

もちろん上野動物園から抗議を受け、札は撤去された。

音校——舞台に立つ——

美校はどこでも入り放題で、誰でもウェルカムな空気があった。例えば金属加工を行っている部屋の前でうろうろしていると、髭を生やした准教授が話しかけてきた。怒られるのかと思いきや。

「見学かい？　今、鉄を切ってるから見てく？」

「いいんですか？」

「うん」

こんな感じなのである。機械などを見せてもらいながらしばらく雑談した。

「鉄はいいよねえ」

「鉄の何がいいんですか？」

「硬いところだね」

「硬いところ……ですかあ」

「うん、硬いところだねえ」

お願いすればどこまでも見学させてくれそうであった。

だが、音校は違った。

まず目に入るのは、入り口のセキュリティロック。学生証をカードリーダーにかざさなければ入ることすらできない。あちこちに「不審者注意」などと張り紙もされている。不審者の一人である僕は、びくびくしながら妻について歩く。

ある音校卒業生が教えてくれた。

「防犯意識は高いですよ。女の子に、ストーカーっぽいおじさんがついてきたりするんです。それから楽器には高価なものが多いですから」

「やっぱり盗難を警戒するんですね」

「そうですね。昔、ピアノをまるまる一台盗まれたことがあったそうです」

「えっ、ピアノをまるまる一台？」

「業者の振りをして泥棒が入ってきて、『運び出しますんでー』と。みんな、そういうものかと思ったらしく……」

「豪快な泥棒ですね」

「それから、これは滅多にないことですけれど。上手な女の子のヴァイオリンが、壊されるという事件があったんです。犯人はわからないままですけれど、誰かに嫉妬（しっと）されたんじゃないかって。そういうことが起きてもおかしくない雰囲気というのは、あります」

校舎内で目立つのは、いくつも並んでいる小さな個室。ビジネスホテルのように、扉がずらりと廊下の両側に並んでいて、それぞれの部屋からかすかに音楽が響いてくる。

扉には覗き窓がついていて、中を見ることができた。部屋は防音壁に囲まれていて、ピアノや譜面台が置かれている。女性が一人、一心不乱にピアノを弾いていた。廊下にはベンチがあり、部屋が空くのを待つ学生がそこに座り、退屈そうに携帯を眺めていた。

なるほど、これは練習室だ。肩を並べて彫刻を作ることができる美校とは違い、音校での練習は個人単位になるわけだ。

扉の見た目に大差はないのに、その向こうには全く違う世界が広がっている。ヴァイオリンを一人で弾く程度の六畳ほどの空間もあれば、自動販売機八つ分くらいの大きさのパイプオルガンが、デンと据えられた部屋もある。邦楽科の練習室は入ると襖（ふすま）があり、それを開けると畳敷き。能や日本舞踊を舞える舞台が設置されていた。

蜂（はち）の巣のような練習室がある一方で、コンサートホールも六つある。中でも最大のホールが、奏楽堂だ。この奏楽堂、座席数が千百席！　音校の生徒数は四学年を合計しても千人弱だから、全員余裕で収容できてしまう。さらにオペラ座のようなバルコニー席があり、オーケストラピットまである。楽屋なんて八室もある。楽屋が八つもあってどうするのだろうか。

奏楽堂に入ると、見上げるほど巨大な、美しい装飾の施された木枠が目に飛び込んでくる。パイプオルガンだ。

「藝大のオルガンの中でも、奏楽堂にあるものは億の値段ですね」

オルガン専攻の学生、本田ひまわりさんがそう教えてくれた。億……馴染のない金額に思わず震えがくる。

「ええと……実際に触れるんですよね？」

「はい、練習でも使ってますよ。そうそう、奏楽堂は天井が可動式なんです」

「え？　何のためにですか？」

「音の残響時間を調整するんですよ。演奏内容によって、お客さんに一番良い状態の音を届けられるように」

うーん、違いがわかる自信がない……。

練習室とは別に、門下部屋というものもある。

　これは楽器の担当教授と、その門下生ごとに与えられている部屋だ。例えば器楽科ファゴット専攻であれば、ファゴットを学ぶ一年生から四年生までの全学生のたまり場となる。

　ファゴットを愛するファゴット使いたちの部屋。

「部室みたいで居心地いいですよ」

　安井悠陽(ゆうひ)さんは、大柄な体を揺らしてそう言った。

「どんなことをして過ごすんですか？」

「そうですねえ、みんなでファゴット吹いて遊んでますね」

「ファゴットを吹く……？　個人個人で、ですか」

「いえ。例えば一人が、ピアノ協奏曲を吹き始めるとするじゃないですか。すると別の奴が、それにハモって吹き始めます。別の奴がヴァイオリンのパートで参戦してきたり、また別の奴が入ったり……」

　いつの間にか合奏になるのだという。

「たまに誰かがふざけて短調に変調して、悲しいメロディにしてみたり。あるいは倍速で吹いてみたり。一人がテンポをあげるとみんなついていこうとしますし、追い抜こうとして競争みたいになったり。楽しいですよ！」

音校は、どこもかしこも音楽で満ち溢れている。練習室、ホール、門下部屋、果ては階段の踊り場まで……。

夜になって学生がみな帰れば、音は消え、空っぽの部屋だけが残される。

全員遅刻vs.時間厳守

「音楽は一過性の芸術だからね」

音校楽理科卒業生の柳澤佐和子さんの言だ。

「つまり、その場限りの一発勝負なのよ。作品がずっと残る美校とは、ちょっと意識が違うかもしれない。あと、音楽って競争なの。演奏会に出る、イコール、順位がつけられるということ。音校は順位を競うのが当たり前というか、前提になっている世界なんだよね」

美術でもコンクールなど順位がつく場もあるとはいえ、競争意識は音校に比べてゆるいようだ。妻もこんなことを言う。

「美術って、みんな一緒に並べて展示できるからいいよねー」

美術の作品はずっと残る。だから今評価されなくても、いつか評価される可能性も、共に残り続けるのだ。

そんな美校のゆるさは、いろいろな形で表れているようだ。

「どちらかと言えば、美校の教授ってルーズというか、のんびりしていると思います」

絵画科油画専攻四年の奥山恵さん（仮名）は、そう教えてくれた。

「毎週、教授会議があるんですよ。十三時からなんですけど、私ちょっと用事があってそこに入ったことがあるんです」

「どうでした？」

「教授、一人しかいませんでした」

一人を除いて全員遅刻……。

「私が『先生、一人ですね』って言ったら、『うん……』って。ちょっと可哀想（かわいそう）でした」

妻も以前、こんなことを言っていた。

「あ、雨だ。ちょっと待って、休講かもしれない」

そして携帯を見て、藝大のホームページを開く。

「どういうこと？」

「雨降ると休講になることがあるから」

まるでハメハメハ大王の歌じゃないか……。

一方の音校。邦楽科三年の川嶋志乃舞さんによれば、随分違うらしい。

「教授は絶対です。先生というか、師匠ですから」

「では時間厳守、ということですか」

「はい、もちろんです。邦楽科では、学生はレッスンの三十分前に来るのが基本です。その間にお部屋の準備をするんです。座布団を並べたり、楽器を用意したり。時間が余ったら譜面を読んだりしますね。もちろん、事前に予習はしてくるんですけれど。万全にしておいて、時間になったら先生がやって来て、授業が始まります」

音校の中でも邦楽科は特に厳しいようだが、全体的に美校よりも時間の意識は強い。作品が置いてあればよい展覧会と違い、演奏会は奏者が欠けたら成立しないのだ。

ほぼ全員遅刻の美校と、時間厳守の音校。美校と音校の合同教授会議では、喧嘩にならないのだろうか？

「音校に合格した学生が一番最初に何をするか知ってる？　写真を撮るの」

そう言うのは、楽理科卒業生の柳澤さん。

　ドレスを着て楽器を携え、にっこりと笑う宣材写真を撮るそうだ。演奏会のチラシを作るにも、ホームページに載せるにも写真が必要になる。春になると新入生同士で「もう写真撮った？」「いい写真屋さん知ってる？」といった会話が交わされるという。

「やっぱり自分が商品だからね。舞台に立って、鑑賞してもらうわけなんで」

　ピアノにしろヴァイオリンにしろ、声楽にしろ、スポットライトを浴びるのは自分だ。お客さんは演奏だけでなく、演奏者の振る舞いや指の動き、容姿や表情まで含めて楽しむ。

　学生ながら、自分は「見られる側」だとすでに知っているのだ。学生たちの服装の違いも、そういったところから出てくるのかもしれない。

「美校に合格して最初にやること……？　特にないかなあ。めっちゃ寝たりとか？」

　妻はそう言って首を傾げた。

　美校にも、音校の宣材写真に相当するものはある。「ポートフォリオ」だ。作品の写真や、これまでの展示風景などを一冊のバインダーにまとめたもので、自己紹介代わりに見せる。しかし、こちらの場合はあくまで作品が主役。作品を見てもらえば、作者の外見なんてどうでもいいのだ。

小さじも、机も、トロフィーも作る

ところで、美校の妻と音校の柳澤さんとでは、同じ芸術を愛する者でも異なる部分がある。それはお金との関わり方だ。そもそも、妻はお金をあまり使わない。貧乏やケチとは少し違う。作れるものは何でも作ろうとするのである。

ある日砂糖壺（つぼ）を開けると、中に木製の小さじが入っていた。ちょうど壺に入る大きさで、よく磨かれていて、つるつるとした触り心地が楽しい。

「あれ、これいいね。買ったの？」

「作ったよー」

そういえば、数日前からベランダで何かを削っていたけれど……窓を開けてベランダを見ると、切断された木片が転がっていて、木屑がプランターの脇にたまり、ごろんとノコギリが放り出されていた。

妻と一緒にいると、これくらいは当たり前になってしまう。床の傷をパテで埋めて元に戻していたこともあるし、突然、下駄箱の上に木製の写真立てが出現したこともある。

妻の実家では、そんな習性に慣れっこの様子。先日、お義父（とう）さんがプレゼントをくれた。

「これあげるよ」

「……何ですか、これは」

目を白黒させている僕に、お義父さんが言う。

「板だよ」

板なのはわかりますが。抱えるほど大きい、立派な板ですが。

「なかなかいい板だから、テーブルでも作りな」

「わーい、お父さんありがとう」

喜ぶ妻。戸惑う僕。

現在その板は、我が家の二つ目のテーブルとして立派に働いている。


この自給自足の精神は、美校の中でたくさん見ることができる。

「鞴祭」というものがある。鞴というのは人力の送風装置で、金属加工ではとても重要な道具だ。この鞴を使う鋳物師や鍛冶屋が、神様を祭るために行う儀式が鞴祭。藝大の彫刻科や工芸科でも金属加工を行うので、十一月には学内で鞴祭が行われる。

部外者でも参加できるようなので遊びに行ってみたが、祭りはなかなか本格的なもの。

鞴が祭壇にデンと置かれ、注連縄や紅白の幔幕が張られている。教授を筆頭に関係者が集まり、袴に烏帽子をつけた神主が祝詞を唱え、巫女が玉串を配っている。大きな酒樽はたった今、割られたところらしかった。厳粛な空気が漂い、思わず襟を正す。

祝詞が終わった。やんややんやと歓声があがる。学生たちが皆におでんを振る舞いはじめた。妻に言う。

「ちゃんと神主さん呼んでやってもらうんだね」

「あれ、院生の先輩だよ」

「…………？」

「巫女さんも四年生」

「え？　自前なの？」

全て〝お手製〟だそうだ。祭壇、幔幕は一年生によるセッティング。注連縄は稲藁をより合わせて作る。神主や巫女は学生。おでんも裏で煮ているという。覗いてみると、焚き火の上に巨大な釜。中では大量のおでんダネがぐつぐついっている。燃料はなんと彫刻の端材となった木材。おでんをすくう巨大オタマまで手作りだ。細長い角材の先端にボウルを針金でくっつけている。火が消えかければ倉庫からガスバーナーを持ってくる。着火したら送風機で火を大きくし、端材を追加する。

キャンプ場で自炊しているみたい。

彼らの姿を見ていると、自分の頭がひどく固くなっているようでショックを受ける。何事もお金を使うという前提で考えていたことに気づくのだ。

例えば家が欲しくなれば、僕はどうしても賃貸と分譲とどっちがいいかとか、価格がこれから上がるのか下がるのかとか、考えてしまう。通帳とにらめっこする作業が、家を手に入れる作業になる。

妻はきっと、自分で建てるという発想を持てるのだ。もちろんお金を使えば時間は短縮できるが、それはあくまで選択肢の一つというわけ。

会場の裏手の棚に、トロフィーが飾られていた。「彫刻科ボウリング大会優勝」と書かれている。

「こういうトロフィーのほうが、欲しくなるねえ」

僕はしみじみと言った。妻が頷く。

「なんたって、准教授の手作りだからね」

そのトロフィーは一本の木から彫りだされたもので、ボウリングのピンの形に美しく磨き上げられていた。

仕送り毎月五十万

一方、音校卒業生の柳澤さんが教えてくれた、学生時代の話。

「私、月に仕送り五十万もらってたなあ」

「え、五十万？」

「音校は何かとお金がかかるのよ。学科にもよるけど。例えば演奏会のたびにドレスがいるでしょ。ちゃんとしたドレスなら数十万はするし、レンタルでも数万。それからパーティー、これもきちんとした格好でいかないとダメ」

音楽業界関係者のパーティーは頻繁にあるそう。そこで顔を売れば、仕事に繋がるかもしれないのだ。

「楽器も高いものが多いですからね。ヴァイオリンやピアノは、特に高いと思いますよ」

器楽科でハープを学ぶ竹内真子さん（仮名）が言う。

「ハープって、よく上流階級っぽいなんて言われますけど、まだ庶民的なほうではないかと思います。高くても一千万ですから。ちゃんとしたのを買おうとすれば、三百万くらいかな……うーん、それでも高いですかね。でもヴァイオリンは、ものによっては億いっちゃいますからね。何だか金銭感覚麻痺(まひ)してきますね。ヴァイオリン専攻の友達に『ちょっとトイレ行くから楽器見てて』なんて言われると……そんな責任負えないよ、ってなります。だって手の中に家があるんですよ、家が！」

竹内さんは、わなわなと手を震わせていた。

器楽科ホルン専攻の鎌田渓志(かまだけいし)さんも、こう話す。

「いい楽器を使わないと、受験でも不利なんです。僕は浪人した時にローンを組んで、新しいホルンを買いました。定価が百三十万で、少し負けてもらいましたけど、それでも百万はしましたね」

楽器は高いけれど、自分で作るわけにはいかないし、そんな時間があれば練習をすべきなのだ。

「楽器は運ぶのも大変なんですよ」

これは、器楽科コントラバス専攻の小坪直央(なお)さんの話だ。

「新幹線では、コントラバス用の指定席も買わないといけませんから……」

高価な楽器を持ち、上等な衣装を着て演奏する。レッスンをして、演奏会に出て、パーティーに参加する。長期休暇には海外に飛び、本場の演奏を聴く。

何だか優雅な雰囲気に満ちている。

顔に半紙を貼りつけている妻とは、方向性がだいぶ違うようだ。

ある日、柳澤さんに誘われた。

「今度、同窓会をするんだけど、来ない？」

「僕が行っていいの？」

「大丈夫。みんな友達連れて来たり、ゆるい会だから」

それなら安心と、ゆるい格好で向かった僕は仰天することになった。

会場が「鳩山会館」なのである。

総理大臣にもなった鳩山一郎が建てた洋館で、ここの応接室で自由党（自民党の前身の一つ）結党に関して議論がなされたり、ソ連との国交回復に向けて準備が行われていたとされる。大正末期そのままの英国風建築、ステンドグラスからはバラが咲き誇る庭が見え、鳩山一郎の銅像が立っている。

大広間を一日借りるのにけっこうなお金がかかる鳩山会館。それも、鳩山家関係者の紹介が必須となる。そんなところで同窓会を行う人々が存在するなんて。

恐縮しているのは僕一人で、みなのびのびと談笑している。つまり、彼らにとってはこれは日常であり、取り立てて驚くべきことでもないのだ。

　余興の時間になると、参加者の何人かが壇上に立つ。そして歌を歌う。ピアノを弾く。宴会の、それはあくまで余興なのだが……。

　プロなのである。

　オペラの一節を歌い上げれば美しい声が響き渡る。遊びとして童謡を歌っていても、それがまた聴き惚れるほどなのだ。

「私、洗い物したことないのよ」

　柳澤さんが言う。

「ピアニストにとって指は商売道具だもの。傷つけて演奏ができなくなったら大変、練習できないだけでも困る。一日練習しないと、三日分ヘタになるって言うくらいだからね。重いものも持たないし、スポーツもしない。それは、プロならばより意識してるはずよ。私も高校の頃は、体育は見学してた」

　試しに聞いてみた。

「じゃあ、自分で板からテーブルを作ったりなんかは……」

「ありえないわ！」

　柳澤さんは、口に手を当てた。

何でも作ろうとする人と、洗い物さえしない人。何もかも自前で飲み会をする人と、鳩山会館で同窓会をする人。普通なら交わらないだろう両者が、同じ学校に通う。

それが藝大なのだ。

2．才能だけでは入れない

芸術界の東大

ところで、藝大が屈指の難関校であることをご存じだろうか。僕も初めは知らなかったのだが、学生たちに話を聞いているうち、「難関」の片鱗（へんりん）が感じられ、今では恐ろしさすら感じるようになった。

大学受験最難関の一つとして、東京大学の理科三類が知られている。各都道府県からトップクラスの秀才たちが集う場だ。どんな雰囲気なのか、実際に合格した人がこんな話をしてくれた。

「怖かったよ。試験中に、いきなり前の席のヤツが『ギャアーッ』って叫んでさ、鉛筆もテスト用紙も放り投げて、外に飛び出していったんだ」

「それは怖いね」

「いや、違うんだよ。本当に怖かったのはそこじゃない。そんなことが起きたのに、教室中の誰もが動じずにテスト用紙に向かってるんだ。響くのは、カリカリという鉛筆の音だけ……」

飛び出した方はそれっきり、戻ってこなかったという。

恐るべし理科三類。平成二十七年度の志願倍率が四・八倍、百の枠を約五百人が奪い合った。難関の名にふさわしい倍率と言えるだろう。

対して藝大の最難関、絵画科の同年度の志願倍率はなんと……十七・九倍。八十の枠を、約千五百人が奪い合う。藝大全体でならした倍率でも七・五倍に達する。

なお、昔は六十倍を超えたこともあったという。もはや入試ではなく顕微鏡の倍率である。

藝大は「芸術界の東大」と言われているそうだが、むしろ東大を「学問界の藝大」と呼んでもいいのかもしれない。

受験で肩を壊す

「そもそも、ある程度の資金力がないと藝大受験は難しいんだよ。もともと私は器楽科のピアノ専攻を目指してたから、大阪から東京まで、新幹線でピアノの塾に通ってた。月謝と交通費だけでも、相当のお金がかかるよ」

楽理科卒業生の柳澤さんが、受験について語ってくれた。

「地元にも、もちろんピアノの教室はあるけど。音校を受けようと思ったら、藝大の先生に習うのがほぼ必須なのよ。高校の音楽の先生や、それまで習っていたピアノ教室の先生なんかにお願いして、紹介してもらうの」

藝大で実際に教えている教授、あるいは元教授——。そういった方を師匠と仰ぎ、レッスンを受けるのが当たり前なのだ。教授のコネが必要という話ではない。試験の採点は、師匠を除いた残りの教授陣によって行われる。

藝大に合格するにはトップレベルの実力が必要で、それを身につけるにはトップレベルの指導者に習う必要があり、トップレベルの指導者は藝大の教授であることが多い。そういうことのようだ。他の受験生がそうしている以上、自分も同じようにしないと戦えない。

「じゃあ、親は大変だね」

「そうね、親が本気じゃないとダメだと思う。でも、大抵の親は本気だよ。特にピアノ専攻やヴァイオリン専攻では、二歳とか三歳から音楽やってて当たり前だから。小学校から始めたら、遅くてハンデがあるねって言われるくらい。小さいころから英才教育を叩きこまれた、その延長線上に藝大があるのよ」

柳澤さんもお母さんがピアノの先生で、子供のころからピアノを習って育ったそうだ。

「コンクールの上位常連、あるいはすでにコンサートで客が呼べる……そんな人たちが、みんな藝大を目指すわけ。だから藝大には頂点っていうか、最高峰っていうか……凄（すご）いブランドイメージがあるんだよね。本人よりも親のほうが憧（あこが）れてるケースもあったりして。自分は藝大に入れなかったから、せめて娘だけは入れたいっていう」

壮絶な戦いであることが何となくわかってきた。ちなみに柳澤さんは結局、器楽科ピアノ専攻ではなく、楽理科に入っている。僕は理由を聞いてみた。

「断念したの」

「どうして？」

「練習しすぎで、肩を壊しちゃって……全力で弾けなくなっちゃったの」

まるで、プロ野球選手だ。

三浪くらいは当たり前

「うん、君には才能があると思うけど、三浪は必要だろうね」

妻が藝大彫刻科を志した時、先生にそんなことを言われたという。妻は奮起し、何とか一浪ですべり込むことができたが、美校で三回の浪人はさほど珍しいことではない。

美校の現役合格率は約二割。平均浪人年数が二・五年。

美校の場合は、藝大の教授にレッスンを受けるのが当たり前、という風潮はない。しかし独学が可能かというとそうでもなく、美大受験予備校に通うのが一般的だ。ここでデッサンなどの練習を積む。それはもう、三年ほどみっちりと積んで、ようやく合格圏が見えてくる。五浪、六浪の人も当然いて、同級生でも年齢が十歳近く離れていることもざらだという。

なお、この中には「仮面浪人」も含まれる。

例えば、私立の美大にいったん入学する。普通に授業に出ながら同時並行で受験対策も進め、藝大に合格後、私立をやめて藝大に入るというやり方だ。

「藝大って国立じゃないですか。学費が安いんです。私立に入っても二年生までに藝大に移ることができたら、金銭的にはお得なんですよ。けっこうそういう人、います」

実際に仮面浪人して、藝大の絵画科に入った奥山恵さんの言葉だ。

〝選手生命〟を考えて浪人する

音校では事情がちょっと違う。肩を壊してピアノを断念した柳澤さんによると、浪人する人は少ないそうだ。

「それは、金銭的な事情？」

「それももちろんあるけれど、もっと大きいのは時間の問題かな。卒業が遅くなったら、それだけ活躍する時間が限られちゃうから」

「……え？　それって、〝選手生命〟があるってこと？」

「演奏家は体力勝負だもの。ハードなのよ、コンクールの前に掌一杯の砂糖を食べるピアニストもいるくらいだから。年とともに体力は衰えていくでしょう。入試に何年もかけたら、もったいないのよ。だったら他の大学に入って、早くプロとして活動し始めたほうがいい」

やっぱりプロ野球選手だ……。「巨人軍」にこだわるより、他球団に活躍の場を求めたほうが大成することもある。

「それから、やってるうちに先が見えてくるということもあります」

こう言ったのは、器楽科ピアノ専攻の三重野奈緒さん。

「どこまで自分が行けるのか、自分でわかっちゃうんですよ。だから明らかに失敗してしまった場合などをのぞけば、何回も浪人するということはありません」

問題見なくていいじゃないか

そんな受験生たちの前に立ちはだかる藝大の入試は、一体どういうものなのだろうか。

多くの学科では実技試験が大きなウエイトを占めている。

「一応、センター試験も必要なんだよね？」

そう聞くと妻は頷く。

「でも、あんまり重視されないよ」

「どれくらい取れればいいの」

「科にもよるけど、彫刻では七割くらいを目指すべきみたい」

「で、何点取れたの？」

少し照れる妻。

「……自己採点では三割くらい……かな」

「…………」

「へへ」

センター試験はマークシート方式なので、問題を見ずに適当に塗りつぶしたって二割前後は取れるはずなのに。妻は続ける。

「先輩で、センター一割しか取れなかった人いたらしいよ」

「問題を作っている人が聞いたら泣いちゃうね」

「でも、実技の順位が上から三番目くらいだったんだって。それで絵画科に合格」

「…………」

あくまで重要なのは実技試験なのだ。ただ、合否ラインぎりぎりで実技の得点が拮抗している場合は、センター試験の得点が高い方から合格になるようなので、ちゃんと勉強するに越したことはない。

「悩ましいんだよね。どこまでセンター対策するか。みんなと同じくらいには対策しておきたいし、でもできるだけ実技に時間を振り分けたいし。たまにセンター捨てた、って公言する人もいるけどハッタリかもしれないからね。なんだかちょっと、頭脳戦？のような……」

なお、学科によってもセンターの重要度は異なり、建築科、デザイン科、芸術学科、楽理科、音楽環境創造科などでは比重が大きくなってくるそうだ。

全音符の書き順は?

実技試験は複数の段階に分かれている学科がほとんどで、当然ながら一次試験で落ちれば二次試験には進めない。また、学科によって異なるものの、三次試験や四次試験では筆記試験が課されることが多い。

「一次試験はほんの五分くらいの演奏で、合否が決まるの。そこで落ちたら筆記試験の勉強もぜーんぶ無駄になっちゃう。一発勝負よ」

柳澤さんの眼差し(まなざ)は、真剣そのものだ。

「一次では半分以上、ごっそり落とされるんですよね。部屋に入るとですね、周りをずらりと教授陣が、十人くらいかな、取り囲むように座っていて、難しい顔でこっちを見ているんです。粗探しをする目ですよ。そこで『じゃ、始めて』と。緊張感ありますね」

器楽科ファゴット専攻の安井悠陽(ゆうひ)さんは、そう振り返った。

「事前に課題曲が二十一曲与えられてまして、その中から当日に四曲かな、指定されて演奏するんです。二次試験になるとピアノ伴奏つきでこれをやります」

試験を行う部屋の前では、受験生たちが順番を待っている。お互いにライバルであり、同じ楽器を愛する同志でもある。中にはコンクールで顔を合わせた人物もいるだろう。室内からは他の受験生の演奏が聞こえてくる……想像するだけで胃が痛くなってしまう。

しかし音楽家たるもの、演奏は全て一発勝負だ。一発勝負に弱くては話にならない。

「試験には新曲視唱というものがあります。初見の楽譜が渡されまして、しばらく目を通して、それからその場で歌う、という試験です。いかにリズムや音階を正確に歌えるか、がカギになりますね」

作曲科の小野龍一さんは思い返すように首をひねりながら、少しずつ続けた。

「楽譜の冒頭だけが与えられて、その続きを自分で作って書くという試験もありましたね」

いかにも作曲科らしい試験だ。

「打楽器専攻にも他とは違うテストがあります。リズム感のテストです。1、2、3、4と口で言いながら足踏みをして、裏拍で手拍子するんです。一定のテンポで十秒くらいやらされますかね、それで判断されます」

打楽器専攻の沓名大地さんは、実際に目の前でやってみせてくれた。なんてことはなさそうなのだが、自分でやってみると難しい……。

加えて多くの科では筆記試験がある。大きく分けて「和声」と「楽典」である。

「和声はね、音楽理論だよ。和音ってあるでしょう？　いくつかの音をいっぺんに出すこと。この和音、どの音とどの音を組み合わせたら綺麗な音になるか、どう和音を続けたら美しい音色になるか、ちゃんと法則があるの。その法則を覚えて、応用して問題を解いていく。なんかね、数学みたいな感じ。私は苦手だったな、凄くややこしいのよ」

そう言って渋い顔をしたのは、楽理科卒業生の柳澤さん。

「楽典は音楽の文法問題ですね。楽譜を書いたり、読んだりするのに必要な知識です。そんなに難しくはありませんが、たまに凄く変な問題が出ることも……。僕が受けた年には、『全音符の書き順をこたえよ』って問題がありましたよ」

苦笑とともに話すのは、器楽科ファゴット専攻の安井さんだ。

「えっ、全音符に書き順なんてあるんですか？　全音符ってあれですよね、数字の０みたいな……」

「はい、ちょっと潰れた数字の０ですね。その時はわかんなかったんですが、ちゃんと書き順があるんです。二画です」

安井さんが手本を示す。まず上から下へ左側の半円を書き、続けて上から下へ右側の半円を書く。これで二画。

「たぶん、みんなわからなかったんじゃないかな。おかげで差がつきませんでしたけど……」

筋肉がないと脱落

五分の演奏で合否が分かれる音校。

では、美校はどうなんだろう？　僕は過去問を調べてみた。

「人を描きなさい。（時間：二日間）」

平成二十四年度の絵画科油画専攻、第二次実技試験問題である。二日間ぶっ続けではなく、昼食休憩の時間もあるため、試験時間は実質十二時間ほどだが、それでも長い。

問題は学科によって異なるが、一次試験では鉛筆素描、つまりデッサン。二次試験では学科の専門性に応じた問題が出されることが多い。絵画科油画専攻なら油絵で何か描かせる、彫刻科であれば粘土で何か作らせるという具合だ。

一次試験に一日、二次試験に二日といった具合に、試験は何日間かにわたって行われる。まるで、中国の官吏登用試験「科挙」だ。

どんな様子なのか、妻に聞いてみた。

「教室に入ると、席をくじ引きで決めるんだ。部屋にモチーフの石膏像が置かれてて、それを素描するんだけど、席によって書きやすい角度とかがあるのね。私は得意な角度の席が当たったから、ラッキーだった！」

「角度によって有利不利があるの？」

「うん。かなり違うよ。ちょっとでも見やすい角度にするために、椅子(いす)の脚に少年ジャンプ挟んで座る人もいた」

「ジャンプは持ち込み可なんだ……試験時間は長いんだよね」

「うん。そのデッサンは六時間だったかな」

「長いね！」

「でも、足りないくらいだよ」

「そんなに集中が続くものなの？」

「うーん……やっぱり辛(つら)いよね。私は途中でお腹(なか)がすいて、お腹が鳴ったよ」

「どうしたの」

「トイレに行って、ソーセージ食べてた」

「………」

「トイレにはタバコ禁止とは書いてあったけど、おやつ禁止とは書いてなかったから……」

お肉の匂いで絶対にばれていたと思うが、藝大の試験監督はその程度なら見逃してくれるみたいだ。

「油画の入試はとにかく体力がいるんですよ！」

絵画科油画専攻の奥山恵さんは、大きな目を見開いて言う。

「そもそも、画材を持ち込みますからね」

一般の大学入試なら、持ち込む筆記用具はシャープペンシルに消しゴム程度だろう。しかし、藝大入試に必要な筆記用具は半端な量ではない。

デッサンに必要な道具がカルトン（下敷き）、木炭、練り消しゴム、消しゴム（あるいはパン）……。

油絵を描くのに必要な道具が絵の具、ペインティングオイル、ペインティングナイフ、筆数種類、紙パレット、クリーナー（筆を洗う溶液）、バケツ……。

これらのものを予備も含めて持ち運ぶには、なかなかに大きな鞄が必要となる。上京してくる人にとってはなおさらだ。しかし、ここでキャスター付きのキャリーケースなどを選ぶと大変なことになってしまう。

「入試当日は、エレベーターが使えないんです。そして困ったことに、油画の試験は絵画棟の五階とか六階で行われるんですよ」

試験会場まで階段で上らなくてはならないのだ。さらに美校の教室は大きなサイズの絵を描いたり展示したりできるように、一階分の天井高が通常のビルの二階分ほどある。試験会場が六階であれば、実質十二階分、重い画材を担いで上ることになってしまう。

「試験当日、集合場所に集まるじゃないですか。すると試験官の方が現れて、『では、ついて来てください』と言うんです。それからいきなり、軽快に階段を上り始める。いきなりみんなで耐久レースですよ。ひいひい言いながら階段を上る、上る。女の子とか途中でへたり込んでしまったり……運動不足の人は顔真っ赤にしてますね。途中で離脱してしまう人もいると思います。『ハンター試験』って呼ばれてますね」

この試練を乗り越えぬ限り、油画の試験を受けることはできない。画材を背負って階段を上り続ける。遥か下の景色が見える。上野動物園の檻も見下ろせる。酸欠になりかけながら、前の人に遅れぬよう必死でついていく。遅れる者、倒れる者、友達同士であれば励まし合い、あるいは「俺を置いて先に行け」「お前だけ置き去りにできるか」などというやり取りが……。

「受験生はみんな真剣に、当日の荷物を少しでも軽くする方法を考えますよ。あとは、試験に備えて筋トレしたり」

小柄で細身の奥山さんは、大変だったあ……と笑った。

ホルンで四コマ漫画を

藝大の過去問に目を通していると、たまに首をひねりたくなるような問題文に遭遇する。

「……の状態を、下記の条件に従い解答用紙に美しく描写せよ」

こんな表現はまだ序の口だ。

「問題一　自分の仮面をつくりなさい」

この問題には注釈がついている。

「※総合実技2日目で、各自制作した仮面を装着してもらいます」

さらに問題の続きには、

「解答用紙に、仮面を装着した時のつぶやきを100字以内で書きなさい」

とあり、その隣にまた注釈。

「※総合実技2日目で係の者が読み上げます」

　これらの不思議な問題の意図は、平成二十三年度建築科の問題文にある一節を読めば理解できるかもしれない。

「……しなさい。なお、この試験はあなたの構想力、創造力、表現力を考査するものであり、正解を求めるものではありません」

　何か抽象的なものを測ろうとしているようだ。

　藝大のレベルは総じて高い。音校なら演奏技術、美校ならデッサン力。そういった、いわば基礎の部分にまずは高い能力が求められる。だが、それはできて当たり前。なぜなら努力で何とかなる部分だから。

　藝大が求めているのは、それを踏まえたうえでの何か、才能としか表現できない何かを持った学生だ。「光るものを持っている」と審査する教授に思わせることができないと、合格点は得られないようである。

「音楽環境創造科には、『自己表現』って試験科目があるのよ」

音校卒業生の柳澤さんが、同級生の逸話を教えてくれた。

「自己表現……？」

「何でもいいから、自分をアピールするの。私の友達は、ホルンで四コマ漫画をやったわ」

「えっ、どういうこと？」

「四コマ漫画を画用紙に書いて、持ち込んだの。それで一枚ずつめくりながら、ホルンで台詞（せりふ）の部分を吹いたんだって。台詞っぽく聞こえるようにね」

「……その人はどうなったの？」

「合格したわ」

「………」

「あとね、こんな課題もあったって聞いた。鉛筆、消しゴム、紙を与えられてね、好きなことをしなさいって言われるの」

「それは何となくアートっぽいね」

「うん。私の友達は、黙々と鉛筆の芯（しん）を削り出した。それからその芯を細かく砕いて、顔にくっつけていったの」

雲行きが怪しくなってきたぞ。

「最後に、紙を顔に叩きつけた。パーンって。紙に黒い跡がつくでしょ。それを自画像って主張して提出したんだって」

「……その人はどうなったの？」

「合格したわ」

たとえ思いついたとしても絶対に実行できない。

極端な例を挙げたが、個性はとても重要になる。

例えば、平成二十七年度絵画科油画専攻の問題。

「折り紙を好きな形に折って、それをモチーフにして描きなさい」

折り紙をどんな形に折るか、何をテーマにするか、どんな角度からどういった構図で描くか。人間性や価値観を浮き彫りにする、と言っても過言ではない問題である。

もちろん絶対的な正解は存在せず、採点基準はつまるところ「教授の好み」になってしまう。それでも好みが偏らないように、審査する教授は複数存在し、それぞれがいいと思った作品に票を投じる。得票数がそのまま得点となる仕組みだ。合格ラインは年によっても異なるが、五〜六割程度だという。

それぞれが日本を代表するアーティストでもある藝大の教授陣、その半数の心を動かせるか否か。それが、藝大の入試なのである。

3. 好きと嫌い

高橋雄一（仮名／絵画科日本画専攻）
佐藤果林（かりん）（絵画科日本画専攻）
本庄彩（仮名／楽理科）

元ホストクラブ経営者

派手なベルトにお洒落（しゃれ）な腕時計。シンプルなTシャツに短パン。短髪に日焼けした肌。高橋雄一さんが藝大の日本画専攻に辿（たど）りつくまでの経緯は、なかなか複雑である。

「昔から絵を描くのが好きだったんですけれど。中学からグラフィティにハマったんです」

グラフィティとは、スプレーで壁やシャッターに絵を描く一種のアートであり、落書きでもある。しかし所有者の許可を得ずに描けば……。

「違法ですよね」

「違法です。最初に描いた時はどきどきしました」

「あれは、夜中に描くんですか？」

「はい。終電で街に出かけて行って、朝までかけて描くんです。夜型生活になりますね」

高橋さんの語り口はきわめて静かだ。朴訥（ぼくとつ）な印象で、聞かれたことにしか答えてくれないけれども、話すのを嫌がっている様子もない。

「最初は一人で活動していたんですけれど、ある日、グラフィティ関係のホームページに僕のハンドルネームと一緒に『求む！』と書かれていて。呼び出されたんです。そこから仲間ができました。パーティーとかしました。グラフィティにはいろいろな派閥があるんですが、僕は比較的過激なほうに属していて……」

「派閥ごとにどんな違いがあるんですか？」

「たとえば、絵やアートとしての完成度を重視する一派がいます。描く時もちゃんと許可を取って描いたりするんです。僕らは逆で、難しい場所にいかに描くかを重視します。例えば高所。潜入しづらい場所。線路とか、ビルの上とか……。制限があるなかで、仲間と腕を競い合うのがゲームみたいで、面白かったです」

「どうしてやめてしまったんですか？」

「捕まったからです」

「えっ……」

「何回も捕まりました」

高橋さんは僕と目を合わせて、穏やかな声で言う。

警察に補導されたことは一度や二度ではなかったそうだ。両親との関係も悪くなり、家に帰らず野宿しながらグラフィティを続けていた時期もあるという。

「ある時、保護観察中に捕まってしまったんです。少年院に八か月入りました。それでさすがに頭が冷えて、やめたんです」

高橋さんはその後、鳶職となり五年間働く。独立を勧められるほどにまでなったそうだが、再び〝夜の世界〟へと舞い戻った。

「僕、飲み歩くのが好きだったんです。それが昂じて、水商売の世界に入りました。最初はキャバクラのボーイです。それから友達と一緒に、ホストクラブをやってみたんです。閉店後のキャバクラを利用する形で、お酒を持ちこんで三日間だけやってみたところ、三十万の酒代で百五十万ほどもうかりまして。これはいける、と思ってちゃんと店を構えました」

「おお」

「でも、ダメでした。初めはうまくいったんですが、夜の世界はいろいろトラブルも多くて、結局店を手放したんです。そこからは雇われ店長としてホストクラブを経営していました。三、四年くらいやりました」

「その後は？」

「それから、藝大の日本画を目指したんです」

「……え？　どういうことですか？」

「ええと……刺青（いれずみ）に興味があったんです。自分で入れたり、彫ってみたくなって。刺青というと、虎（とら）とか龍（りゅう）とかのイメージがありますから……日本画かなと思いました」

「刺青を学ぶために、藝大を目指されたんですか？」

高橋さんはしばらく俯（うつむ）いて考え込む。それから僕の目を見てぽつりと言った。

「刺青はひょっとしたら、言い訳だったかもしれません」

「言い訳？」

「周りの人間に『絵をやりたい』って言うのが照れくさくて……そういうことにしていただけかもしれません」

高橋さんはずっと、絵がやりたかったのだ。

教授たちの「膠（にかわ）会議」

日本画って一体、何だろう。

僕は何となく水墨画をイメージしていたのだが、日本画専攻に在籍する佐藤果林さんによる説明はこうだ。

「日本に西洋の美術が入って来たのは明治時代なんですよ。立体表現とかの新しい概念も一緒に入ってきました。そこで洋画に対し、それ以前からの伝統に沿って作られた絵を日本画と呼ぶようになりました」

小柄で栗(くり)色のショートカットの佐藤さんは、少女漫画に出て来そうだ。膝(ひざ)の上で手を揃(そろ)え、背筋をすっと伸ばしている。伏し目がちだが、話す時はパッと顔を上げる。

「油絵なんかとは違うんですね」

「はい、素材がまず違いますね。岩絵の具という、鉱石の粉末から作った絵の具を使います。この岩絵の具、そのままではただの顔料で、紙にくっつきません。そこで膠、動物のゼラチンですが、これを接着剤として使います。岩絵の具と膠を混ぜて、和紙に塗るのが基本です」

「なるほど、膠ですか……」

「膠は必需品です。長いこと日本画専攻御用達の『三千本膠』という商品があったんですけど、その会社が店をたたむことになった時には、教授陣が集まって『膠会議』が行われたほどです。結局、別の会社から『三千本和膠(わこう)飛鳥』として再販されたので、助かりました」

「みなさん日本画を勉強して、藝大にやってくるんですか？」

佐藤さんは手を横に振る。

「いえいえ、入学してすぐのころは、みんな日本画の画材に慣れないです。初めて触る人も多いですからね。試行錯誤しながら、伝統的技法を習っていくんですよ。これがまた、複雑なんです」

説明が難しいんですけど、と佐藤さんは続ける。

「例えば膠の扱い方一つでも……濃い膠を塗りすぎると、乾いた時に絵がバリバリって割れちゃうんですね。逆に、薄い膠では絵の具が落ちちゃいます。だから使い方を工夫しなくてはならないんです。三倍に薄めた膠を二回塗って、その上に二倍に薄めた膠を一回塗る、とか……」

「そんなに何度も塗るんですか」

「そうですね。これはまだシンプルなやり方です。使う絵の具や絵の質、表現の方法によって、さらにいろいろと変わってきます」

「そのたびに乾かすわけだから……けっこう待ち時間もあるんでしょうね」

「はい。絵を乾かしている横で漫画を読んだりして待ちます。ずーっと筋トレしてる人なんかもいますよ。凄いムキムキです」

四十時間描きつづける

「日本画は楽しいです。縛りがあるなかで工夫するのがいいんです」

元ホストクラブ経営者、高橋さんは日本画の魅力をそんなふうに表現する。

「腕前を競い合えるんですよ。たとえば最初に粗めの岩絵の具を塗って、次に細かめの岩絵の具を塗ります。それを後から削りだしてみる。こうすると、びっくりするくらい独特の表現ができたりします」

「なるほど。工夫の余地がたくさんあるんですね」

「工夫は、狙って行うだけではなく、本当に偶然生まれることもあります。完全に自分の思い通りにはならなくて……絵の具が勝手にやっている仕事を拾っているような感覚になることもあります。でもそれが、いいんです」

ずっと無表情だった高橋さんが、微かに微笑む。

「他人の描いた日本画には、どうやって描いたのかさっぱりわからないような絵もあるんです。負けたくなくて、自分もいろいろなやり方を試すんです。自分が日本画をやるからこそ、その絵の凄さや難しさがわかり、そしてどうやって描いたのか、というところが気になるんです」

「日本画というルールのなかで、競っているわけですね」

「そうです。一般の人に向けて描くというより、日本画をやる人に向けて描く、そういう意識があります」

「グラフィティをやっていた時と同じように？」

「……そうかもしれません。とにかく、絵のことをいつでもずっと考えてます。絵の具とか、題材とか……」

「絵以外の趣味なんかは、ないんですか？」

高橋さんはしばらく俯いてから、思いついたように顔を上げた。

「ええと、買い物……です」

「どんなものを買うんですか」

「絵のモチーフとか……買ってます」

頭を掻く高橋さん。結局、絵に繋がっている。

「僕、没頭してしまうんです。四十時間描きつづけるとか、よくやります。それで息切れしてしまって、描けなくなります」

「そんな時はどうするんですか」

「掃除をします」

「掃除?」

高橋さんは大真面目(まじめ)な表情のまま頷く。

「掃除して部屋を綺麗にします。いらないものを捨てたりして……他にやることを全部なくしてしまうと、絵に向き合うしかなくなります。そうして、絵の前に帰って来るんです」

同じ日本画専攻の佐藤さんからは、こんな言葉を聞いた。

「私、二浪してるんです。美術の予備校に通って。でも、楽しかったですよ!」

「受験勉強が楽しかったんですか?」

八重歯を覗(のぞ)かせて、佐藤さんが笑う。

「はい! だって、絵を描いていられますからね」

絵が描きたくて描きたくて仕方ない。高橋さんや佐藤さんからは、好きという気持ちが生み出す無尽蔵のエネルギーがびりびりと伝わってきた。

しかし、みんながみんな、好きという思いの果てに藝大にいるわけではない。

ピアノが嫌で嫌で仕方なかった

「ピアノも、音楽も大嫌いでした。サボる方法ばっかり考えてました」

「そうなんですか？」

驚く僕の前で、楽理科の本庄彩さんは、ショートカットの髪を揺らしてこくこくと頷いた。

本庄さんがピアノを始めたのは、三歳の時だったという。

「母がピアノ教室の先生なんです。父も音楽が好きな人だったので、ちょっと偏った家庭でした。勉強よりもピアノが大事なんです。テストで百点を取っても褒めてもらえないんですよ？　勉強なんてできなくてもいいから、ピアノをやれという家だったんです。小さい頃から、ずっとそう」

鈴を転がすような声の本庄さんは、少し舌足らずだ。

「母は私立の音大卒なんですが、藝大に憧れがあったみたいなんです。それから母自身が様々な場面で力不足を感じていて、私には子供のうちから最高の音楽教育を受けさせたかったそうなんですね」

「でも、好きじゃないのに無理やりやらされるのは辛いですね……」

「はい。辛かったです！　もう、母が怖いんですよ。もちろん普段はいい母で、好きなんですけど、ピアノが絡むと豹変してしまうんです。『なんでこんなこともできないの！』って怒鳴られたり。ますますピアノが嫌いになるばかりで……」

嫌いだから練習しなくなる。練習しないからお母さんに怒られる。怒られるから嫌いになる……悪循環で、出口がない。

「もう、練習する振りをして漫画読んでましたよ。左手で鍵盤を弾いて音を立てて、右手で漫画を読むんです。二階に父がいて、私がちゃんと練習しているか、たまに様子を見に来るので……階段の音がしたら、漫画をポイッと脇に放り出して、素知らぬ顔で両手で弾いて。また父がいなくなったら、漫画を取る」

「それ、ばれてそうですね」

「後で聞いたら、ばればれだったそうです」

ぺろっと舌を出す本庄さん。

サボる方法ばかり考える日々が長く続いたそうだ。

「でも、何度もぶつかりあううちに、少しずつ……両親も変わりました。だんだん、寛容になってくれて。今では、笑い話として話せるくらいの仲になりましたよ」

義理を果たしてヴァイオリンを捨てる

「音校の、特にピアノやヴァイオリンに入る人はね、三歳くらいで人生の進路を決めてしまうことになるのよ」

楽理科卒業生の柳澤さんが、深刻そうな顔で言っていたことを思い出す。

「小さい頃から音楽漬けで、ようやく藝大に入ることができる。卒業してからもずっとその道を歩くわけでしょう。自分の意思で決めたのならいいけど、三歳とかだとどうしても親にやらされて、になっちゃうから……」

　親と自分の意思に齟齬が生じれば辛いに違いない。

「私の知り合いに、小さい頃から両親にヴァイオリンをやらされてた子がいるの。藝大器楽科ヴァイオリン専攻にも合格して、四年間ちゃんとヴァイオリンをやり続けた。間違いなく才能はあったと思う。それも抜群にね」

「その人はどうなったの？」

「卒業してすっぱりヴァイオリンをやめたわ。これで義理は果たした、って言ってね……」

　子供に期待する親と、応えようとする子供。しかし、子供にも自分の意思があるわけで、そのバランスは難しそうだ。

　本庄さんはどうなのだろう。

「私、中高の教員を目指しているんです。だから最初は地元の大学の教育学部を考えてました。でも、母が藝大に憧れを持ってるじゃないですか。その影響もあって、どうせなら藝大を目指してみようかと思ったんです。そこで、藝大の音校で一番教員に向いている科を選びました」

「それが、楽理科なんですね」

本庄さんは頷いた。

ベートーヴェンから諏訪大社まで

「楽理科は、音楽学を学ぶ学科なんですが、もっとわかりやすく言うと『言葉を使って音楽を表現するところ』です」

本庄さんは慣れた口調で言ってから、表情をパッと変えて笑った。

「よく聞かれるんですよね。何をやっているのかって。器楽科や声楽科が、『音』を使って音楽をしているのに対して、楽理科が使うのは『言葉』なんです」

同じ学科を卒業した柳澤さんが、こんなふうに話していた。

「コンサートのパンフレットに、解説文があるでしょ？　ああいうのを書くのが、私たちなの。音楽ってバックグラウンドがあるよね。この曲がいつ頃、どこで作られたか。当時の世相はどんな感じだったか。戦争ばかりの時代に、世を憂えた作曲家が作ったとか、恋に破れた作曲家がその苦しみをぶつけて作ったとか。そういうことを知って聴くと、面白いでしょ」

なるほど！　それも音楽の、大事な一要素だ。

では、具体的にどうやって勉強をするのだろう。

楽理科のカリキュラムについて、本庄さんに聞いてみた。

「一、二年でまず、音楽学の基礎を学びます。大きく六つに分かれてまして、西洋音楽史、日本音楽史、東洋音楽史……東洋は、インドとか中国とかですね。それから音楽理論、音楽美学、音楽民族学、これで六つです」

「いかにも学問……って感じですね」

「そうですね。座学は多いです。あと、課題が与えられ、自分で調べて発表したり、レポートを書く授業も多いです。外国の論文を読んだり、国会図書館に行って文献を読んだり……言葉を読んだり書いたりは日常ですね。でも、面白いですよ」

それが面白いのだろうか？　藝大楽理科のホームページの体験談や、楽理科の学生たちのレポートを実際に読んでみた。びっしりと字が並んでいて、見るだけで嫌になる……と思いきや、いつの間にか読みふけっている自分がいた。

例えば、音楽民族学初級演習を受けた学生の感想。

〈中央ボルネオの森に住むプナン族のカミの声の音声表象が印象的でした〉

中央ボルネオの森に住むプナン族のカミの声の音声表象？　思わず何度か一人で呟（つぶや）いてしまう。それは一体どんな音なんだろう。この授業、ちょっと出てみたい。

楽書講読という授業もある。音楽文献、たとえば「三味線音楽について書かれた、江戸時代の写本」を実際に読んだりするそうだ。三味線云々（うんぬん）以前にまず、当時の字は「崩し字」といって、現代人の僕たちには読むことができない。つまりこの授業を修めれば、三味線の歴史を学べるばかりか、崩し字読解というスキルが身につくのだ。

それから実技の授業もある。実際に楽器を触り、演奏するのだが、その楽器の種類がとても豊富である。ガムラン、胡弓（こきゅう）、中国琵琶（びわ）、シタール……。江戸時代の人たちと同じ文字が使えるようになるなんて、素敵だ。

東洋音楽演奏Ⅰ（シタール演奏）という授業の感想が、こちら。

〈サリー姿も優雅なスシュマ先生。唐草模様の素敵なインドの弦楽器。私は異空間を満喫しながら、先生の『楽器は神様だから、またいではイケマセン』との注意を耳に、楽しく『音階練習』にいそしんだのです〉

音楽は幅が広い世界で、謎（なぞ）がいっぱい。

どうして、この和音の組み合わせは心地よく聞こえるのか？

どうして、こんな楽器があって、こんな歌が作られたのか？

どうして、ゴリラは人間そっくりの鼻歌を歌うのか？

そんな不思議全てが、楽理科の守備範囲なのだった。

「参考までに、本庄さんが作成されたレポートや資料を、何か見せていただけませんか？」

「いいですよ！」

後日、送られてきた資料は二つ。「幻想交響曲におけるベートーヴェンの影響」と「諏訪大社御柱祭で歌われる『木遣り唄』に関する研究計画書」だ。

ベートーヴェンから諏訪大社まで。音楽に関することなら、何でもあり！

嫌いだからこそ、伝えられるもの

「ピアノが嫌いで、音楽も楽しいと思えなかった私ですけど……でも、そんな私だからこそ、伝えられるものがあると思うんです」

本庄さんが、にっこり笑う。本庄さんの口からは最後まで「好き」という言葉は出なかったが、彼女なりのやり方で音楽に向き合い続けている。

「本庄さんにとって、音楽はどんなものなんでしょう？」

しばらく考える本庄さん。

「離れたくても、離れられないもの……ですね。何だか、振り払おうとしても付きまとってくるんですが……でもそれが同時に、生きがいでもあるんです。音楽のおかげで、自分はきらきらしていられるっていうか」

さらに一呼吸おいて、続ける。

「私、長野の諏訪出身なんですけれど、同郷の音大生が一堂に集って行う『第十一回帰省コンサート』というものが今度ありまして……その代表をしてるんです。今日も、その打ち合わせの帰りでして」

「コンサートの代表！　凄いですね」

「代表とか企画の仕事って、楽理科に回ってくることが多いんですよ。器楽の人は、演奏の練習でいっぱいいっぱいになりがちですから。他にも私は、学内合奏団のマネージメントをしています。ホームページ作ったり、公式ツイッター更新したり、スケジュールの調整やチケットの販売とか……私の手伝ってる木管合奏団、今度の『藝祭』でコンサートやるんで、よかったら来てください！」

音楽が嫌いになるほどの経験をした本庄さんだからこそ、音楽を好きでやっている仲間をバックアップできるのかもしれない。そして、音楽を音以外の形で、誰かに伝える架け橋の役目ができるのかもしれない。何だか彼女が教員を目指していることすらも、天の配剤のように思えてきた。

さらっと言った本庄さんの言葉が、忘れられない。

「どうやって『伝える』か、毎日考えてます」

好き嫌いを超えて働く、芸術の重力のようなものを僕は感じた。

二〇一五年九月六日、第六十八回「藝祭」三日目。

僕は木管合奏団の公演を聴きに、音校の第一ホール前へとやってきた。廊下には開演を待つ人たちが長蛇の列を作り、学生が慌ただしく出入りしている。

本庄さんを見つけた。廊下の角でお客さんから整理券を回収している。遠目に挨拶しようとしたとき、品のいい服に身を包んだ男女が、本庄さんに話しかけるのが見えた。

本庄さんの顔がぱっと笑顔に変わる。男性は優しそうな目で、女性も微笑んでいる。弾んだ声が聞こえた。

「お母さんたち、来てくれたんだ！」

4．天才たちの頭の中

青柳呂武（音楽環境創造科）
佐野圭亮（工芸科漆芸専攻）
大崎風実（工芸科漆芸専攻）

口笛世界チャンピオン

藝大生はみんな、僕には天才に見える。しかし、そんな藝大生をして「あいつは天才だ」と言わしめる藝大生も存在する。

音楽環境創造科の青柳呂武さんも、その一人だ。

「僕は、口笛をクラシック音楽に取り入れたいんです」

太い眉を柔らかく曲げて笑い、青柳さんはそう言った。

青柳さんは、二〇一四年の「国際口笛大会」成人男性部門のグランドチャンピオン。名実ともに口笛界の頂点だ。そしておそらくは最初で最後の「藝大に口笛で入った男」になるだろうと言われている。

「二次試験の『自己表現』で、ヴィットーリオ・モンティ作曲の『チャルダッシュ』

を口笛で吹きました。そして、口笛を他の楽器と対等に扱えるようにしたい、と言ったんです」

『チャルダッシュ』という曲は前半はゆっくりのびやかなのだが、後半には小刻みで非常に速いリズムがやってくる。この速いパート、どれくらい速いかと言うと……早口言葉の「生麦生米生卵」が人生で一番スムーズに言えた時を思い出してみてほしい。たぶん、その二倍は確実に速いと思う。早口言葉だって舌を嚙むのに、口笛で吹くなんて……。

「いやあ……練習すれば、できるようになりますよ」

「どれくらい練習されてるんですか？」

「日によって違いますけど、三、四時間くらいです。でも、遊びながら練習する感じですね。お風呂で吹いたりとか。楽しんで続ければ、上達しますよ」

「口笛のうまいとかへたとかって、どういうところで決まってくるんでしょう」

「一つの基準としては、多くの奏法をマスターすることでしょうか。口笛にはいろいろな奏法があるんです。ウォーブリングとか、リッピングとか……。例えば『下唇系舌ウォーブリング』という奏法では、吹きながら舌を下唇の内側につけたり離したりすることで、息を止めずに高速で音を切り替えることができるんです」

こんな感じですね、と青柳さんはさっと口をすぼめて吹いてみせる。ピロピロピロ……僕はまばたきもせずに見つめていたのだが、何がどうなっているのかさっぱりわからなかった。

他にも上あごを使ったり、喉（のど）を使ったり、唇を使ったり、お腹（なか）を使ったり、場合によっては口を手で塞（ふさ）いだりなど、息の流れるあらゆる部分を操作することで、多彩な表現ができるという。複数の奏法をマスターできる人物はほんの一握りだそうだ。

「奏法を複数習得すると、ぐっと世界が広がるんですよ。ウォーブリング一つだけだと、二つの音しか出せません。でも、それに別の技を組み合わせるんです。そうすると、素早くたくさんの音に切り替えられます。音階を作れるんです」

「奥が深いんですね」

「深いですねー。まだまだ発展途上な世界ですから。これまでにない奏法を、自分でも発明していく必要があります。あるいは、組み合わせるのが不可能だと言われている二つの奏法を、何とかして組み合わせられないか考えたり。口の仕組みを勉強したり、音色を音楽的に研究したり。口笛界ではみんな、いろんな研究をしています。僕、今では口笛界の先導者みたいに扱われてるんで、どんどん新しい目標を作っていかないといけないんです……」

青柳さんは頭をかいて笑った。

「その目標の一つが、クラシック音楽に口笛を取り入れることなんですね」

「はい。びっくり芸ではなく、音楽として純粋に楽しめるようにしたいんです。オーケストラや室内楽に『口笛』というパートを作りたいんですよ」

オーケストラに口笛を

「口笛って、楽器がいらないのが大きな利点だと思うんです。いつでもどこでも吹けるし、両手もあいてますよね。何か他のことをしながら吹けます」

青柳さんの言うとおりだ。両手が空く楽器は珍しい。

「それから口笛は息を吸っても音が出せるんです。つまり、息継ぎがいらない」

「あ！　それは曲の可能性が広がりますね」

「そうなんです。まだありますよ。口笛はグリッサンドができるんです。音を自由に上下できるんですよ」

グリッサンドとは、音程を区切らず、滑らかに音高を上下させる奏法。例えばピアノなら、鍵盤をざあっと手で滑らせるようにして弾くことができるが、これをグリッサンド奏法という。しかし、ピアノでは鍵盤と鍵盤の間の音は出せない。

「滑らかなグリッサンドができるのは、弦楽器的な特徴なんです。でも、口笛は弦楽器かというと違う。人間の体という管を使って、音を響かせるので管楽器的でもありますよね。もっといえば声楽にも似ています。口笛はいろんな特徴と、可能性を秘めているんです」

弦楽器、管楽器、声楽のいいとこどり。そう言われてみると、どうしてこれまで口笛がオーケストラになかったのか不思議に思えてきてしまう。

「ただ、欠点もあります。一番は音の小ささですね。他の楽器と一緒に演奏すると、聞こえなくなっちゃうんです。マイクで音を拾ったり、あとは音の響きやすい演奏場所を選ぶことで、ある程度解消できますが」

なるほど、音響技術の発展が必要だったのだ。

「それから、手で鍵盤を操作するわけではないので、音に関しては完全に自分の感覚が頼りになります。だから音感を鍛えないと。口を器用に動かす訓練も必要ですね。あと、基本的に倍音が出ません」

「倍音って何ですか？」

「ええと……音楽用語なんですが」

青柳さんはスマートフォンを取りだしながら、ゆっくりと説明を始めた。

「ピアノの『ド』を弾くと、『ド』が鳴りますよね。この時、もちろん人間の耳には『ド』が聞こえているんですが……実は一オクターブ高い『ド』も同時に鳴っているんです。これが倍音です。一オクターブ高い『ド』は周波数が二倍になっているので、そう呼びます。ある音を弾くと、その周波数の二倍の音、三倍の音、四倍の音……そんなふうにいろんな周波数の音が一緒に鳴るんですよ」

この「倍音」の現れ方は、楽器によって異なるらしい。そしてその違いこそが、楽器特有の音色を生んでいるそうだ。その倍音が出せないということは……。

「これ、機械的に作った、倍音なしの音です」

スマートフォンのアプリをいじる青柳さん。

ポー。

あ。これは聞き覚えがある。聴力検査で、ヘッドホンから聞こえてくる電子音だ。

「こういうブザーみたいな音です。凄く味気ない音なんですよね。サイン波って言うんですけど。口笛はどうしてもこういう音になっちゃうんです。単調で、高音寄りで……聞き手としては長時間聴きづらいんですよ」

「倍音が出せないのは、どれくらい大きな欠点なんですか？」

「うーん……教授には、楽器として致命傷だよ、と言われちゃいましたけど……」

青柳さんはアプリを終了させてから、僕の方を見た。

「でも、どんな楽器にも長所と短所がありますから。逆に利用してみたいですね」

「なるほど、楽しみですね」

「受話器を取った時のプーって音や、信号機の『ピヨピヨ』って音もみんな倍音のないサイン波なんですよね。口笛でそっくりな音が出せます。だから、僕はたまに信号待ちをしながら『ピヨ』を口笛で一個増やしてみたり」

青柳さんは歯を見せて笑った。

真剣だけど遊び感覚

「僕は、兄二人がヴァイオリン教室に行ってまして。一緒について行ってたんですけど、兄たちがよく曲を口笛で吹いてたんですよ。それを僕も真似(まね)するようになって、三人で口笛でハモったりしてたのが始まりですね。でも、あくまで遊びでした」

やがて青柳さんもヴァイオリン教室に通うようになった。青柳さんは他にもピアノ、ホルン、オーボエなどができるそうだ。

「中学でみんなから『口笛うまいね』って言われるようになりました。高校の頃は、僕が吹き出すとみんな吹くのをやめて、聴いてしまうんですよね。僕は一緒に吹きたかったのに……」

「その頃から藝大に入って、口笛を楽器にしようと思ってらしたんですか？」

「ええと、高校一年生くらいから世界大会を目指して本格的に練習を始めました。高校三年生になって進路に悩んでいたら、親が『口笛をもっと極めてみたら』と藝大を勧めてくれたんです。音楽環境創造科という学科なら、そういうことができそうだよと」

「え？　じゃあ……」

「はい。最初から口笛で藝大を考えていたわけじゃないんです。むしろ、先生になろうと。だから私大の教育学部も受けました。藝大に落ちたら、普通の大学生でいいと思ってましたね」

青柳さんが、大柄な体を揺らして笑った。

「でも、結果として藝大に入れちゃったんで。とりあえず、ここにいる間は本気で口笛やってみようと思ってます。世界大会も優勝しちゃいましたしね。ただ、この先口笛で食べていけるか、というとやはり難しいと思うんです。積極的にチャレンジする気はないですね」

おや、と僕は思った。

青柳さん、随分ふわっとしているぞ。

「僕の兄二人も、普通の会社員として働いています。音楽は好きでしたけど『プロとしてやっていくほどの実力はない』と。僕も教職の免許を取って、ちゃんと他で仕事をして……口笛は副業にするのが現実的かなと」

意地でもプロ奏者、あるいはアーティストを目指す。そんな人が藝大には多いのに。

「僕、やっぱり今でも遊び感覚でやっている部分があるんですよ。音楽が好きなんで、楽しんでやってます。なので正直、嫌いな曲は聴きたくないし、知らないままでもいいやって思っちゃってるところがあります。こういうのは、他の音校の人が聞いたら信じられないって言われるかもしれませんが……」

口笛は遊び。

でも、口笛をクラシックに取り入れる方法を真剣に研究している。

何だか青柳さんの言葉を消化しきれなかったような感覚が、僕の中に残った。

現代の「田中久重（ひさしげ）」

「あいつは『現代の田中久重』ですよ。もう、後にも先にも、あんな奴（やつ）は入って来ないと思いますよ」

工芸科鍛金専攻の山田高央さんはそう言い、

「佐野君は天才です。天才」

工芸科鋳金専攻の城山みなみさんも、そうつけ加える。

田中久重は江戸後期の発明家で、「文字書き人形」を始めとする数々の絡繰り人形を作ったことで知られている。人呼んで「東洋のエジソン」。

「どうも、初めまして。佐野です」

目の前に現れたのは、小柄で物静かな青年だった。佐野圭亮さんは右手で大切そうに工具箱を持ち、左手を茶色のコートのポケットに入れて、ぺこりと頭を下げた。

佐野さんもまた、絡繰り人形を作っているという。

「中学のころ……ですね。絡繰り人形を見て衝撃を受けたんです。電気がない時代に、この動作を実現させたのは凄いと……仕組みを考えたりしているうちに、頭の中で何となく動かせるんじゃないか、というところまで来て。それを形にしてみたくなりました。木工を学校で先生に習っていたので……『文字書き人形』の真似をして、作ってみようと」

田中久重の最高傑作のひとつとされる、「文字書き人形」。

電力や回路なしに発条と歯車だけで動き、筆を持って墨をつけ、「寿」などの文字を半紙に書く人形だ。まるで人間のようなリアルな動きが特徴で、顔を動かして視線を変えながら筆を繰り、「止め」や「払い」まで器用に再現してしまう。

「久重の『文字書き人形』は、床に座ってるんですが……僕は立たせてみたんです。でも、思ったよりも難しくて。正直、やるんじゃなかったと思いました」

「立たせると、難しくなるんですか？」

「かなり難しくなります……座っている人形であれば、お尻や腰に機構を仕込めますよね。しかし直立していると、二本の細い足に……直径六センチの円柱二本に、機構を通さなくてはなりません。バランスもとりづらくなります」

「じゃあなぜ……」

「せっかくだから、ですかね……」

佐野さんは考え考え、言葉を継ぐ。とても丁寧に説明してくれるのだが、あまり話すのは得意ではない、といった様子だ。

「絡繰り人形は、図面から作るんですか？　久重の図面を参考にしつつ」

軽く頷く佐野さん。

「そもそも百五十年前の人形ですし、図面も一般公開されていません。僕にわかるのは、動きだけです。図面を作るだけで一年以上はかかりました」

「ええと、それは真似をして作ったというよりも……ゼロから作ってますよね」

「そうですね……動き以外はゼロからです」

「制作期間はどれくらいですか？」

「受験の前に作ったんで、三年くらいですね。人間の筆記の動作を上下、左右、前後の三つに分解して、それを独立した三枚のカムに記録、連動させて再現しているんです。カムの形状は手探りで、当初の想定通りにはいかず、作りながら考えて……六百回以上は試しました」

　発条の回転運動を、様々な人形の動きに変換するための板状の部品をカムという。それを六百回も作り、試しながら、小さな人形の動きを調整し続けるなんて。この人の頭の中はどうなっているのだろう。

「一応は完成しましたが、正直満足のいく出来ではありませんでした。文字の完成度が久重の人形に比べてはるかに劣りますから。今作っている人形は、もっともっと人間らしい動きで、質の高いものにしたいです。誰かに見せた時に、大きな驚きが得られるようなものに」

佐野さんに、現在制作中の絡繰り人形の、実際の部品を見せてもらった。木の板。細い棒。人形の顔や体を構成する、木製のパーツ。これらは木工の先生に習いながら作り方を習得したという。

だが、部品はそれだけではない。歯車。直径数センチのものからミリ単位のもので、長短大小様々。そしてフレーム。カム。軸棒。ワイヤー。ネジ。ナット……。自動車の中身をぶちまけたような、大量の精巧な部品たち。

「これはまだ、ほんの一部ですが……」

「ずいぶんたくさんありますね。部品は全部でどれくらい、あるんですか」

「えっ、いくつでしょう……千は超えているとは思います」

「……それって、全部手作りですか？」

「そうです」

歯車は鉄板から、木のパーツは木から切りだして自分で作っているという。

「ど、どうやって作るんですか……」

「まずは歯車の本を買ってきて、勉強しました。正確な歯車の作り方がわかってからは、ひたすら作業ですね……方眼紙に図面を書いて設計するんですが、作りながら設計を変えたりもするので、そのたびに新しい部品も作ります」

方眼紙に歯が百個、直径三センチの歯車を「書く」だけでも気が遠くなるというのに、佐野さんは実際に「作る」のだ。何百個も。

「機械を使って作るんですよね」

「そうですね……部品によってやり方が違いますが、グラインダーとか……歯車を高速で回転させる機械とか、いろいろと使いますよ」

しきりに感心する僕の前で、佐野さんは淡々と説明する。

「でも、結局は手鋸と手鑿が一番正確です」

大きくて分厚い佐野さんの手は、マメだらけだった。

「機械ではなく？」

「そうですね。僕はいつも百分の一スケールのノギスを持ち歩いてます。そのせいか、つい何でもミリ寸法で会話しますね。一・五メートルであれば、千五百ミリって言っちゃうんです」

宇宙の果てから来た漆

「佐野さんは、どうして藝大を目指したんですか？」

「漆が好きだったからです」

佐野さんは即答した。

「……それは、絡繰り人形とは関係なく？」

「そうですね。漆のお椀とか、独特な魅力があって……小さい頃から好きだったんです。最初から工芸科の漆芸専攻に入りたくて、受験しました」

佐野さんと同じく漆芸専攻に在籍する大崎風実さんも、漆の魅力にとりつかれた一人だ。喫茶店で向かい合った大崎さんは、可愛らしくてお洒落な女子大生。ただ、その手だけがちょっと荒れている。

「漆は、あの質感がいいですよね……宇宙の果てから生まれてきたみたいな。私、母が茶道をやってまして。そこで漆の茶器を見て、好きになったんです。黒い深みの中に、瑞々しい緑のお茶が詰まってて……綺麗でした。でも実際に漆を扱ってみると、なかなか大変でした」

「どういった大変さがあるんですか？」

「工程がとても複雑なんですよね。漆を一度塗っただけじゃ、あのつやつやの質感は出ないんですよ。塗って、乾かして、また塗って……時には布や紙を載せて貼り固めたり、そこにまた漆を塗ったりして、何度も重ねていきます」

日本画専攻の膠についても、そんな話を聞いた気がするぞ。

「乾かすのにも条件がありまして。漆って、室温が二十から二十五度、湿度が六十五パーセントから八十パーセントでないと固まらないんですよ。条件が合うように密閉した木箱で、漆風呂っていうんですけど、その中で固めます。冬なら丸一日くらい、梅雨時なら四時間くらいかかります。その間は作業できないので、同時進行で複数の作品を進めるんです」

「けっこうかかりますね。どれくらい、その工程を繰り返すんでしょう？」

「二十工程くらいかな」

二十というと……。

塗って乾かして塗って乾かして塗って乾かして塗って乾かして塗って乾かして塗って乾かして塗って乾かして塗って乾かして塗って乾かして塗って乾かす。これは相当の手間だ。

「実際は塗ると乾かすだけじゃなく、磨いたり、炭で研いだり、貝を載せたり、いろいろあるんです。表面をどんな装飾、質感にするか、技法によって様々です」

「そういえば、螺鈿でしたっけ、キラキラの貝でお花なんかが描かれた漆器がありますね。たとえばあれはどんなふうにやるんですか？」

「えっとですね、簡単に説明しますと……」

テーブルの上で作業の手つきを再現しながら、説明してくれる。

「板の上にまず漆を塗ります。その上に貝を、これはシート状になったものが売られてるんですが、模様の形に切り出して載せます」

ふむふむ。しかし模様の形に切りだすだけでも、かなり根気のいる作業である。

「その上に、さらに重ねて漆を塗ります」

「塗ります」

「すると、貝のシートが漆に覆（おお）われてしまいますね」

「はい……」

「それを、ヤスリで研ぎ出すんです。模様となっている貝の上の漆だけ、慎重に削って取り除くんです」

「あの細かい模様を！」

「はい。研ぎ出し終わったら、もう一度上に漆を塗ります。そしてまた研ぎ出します。これを何回か繰り返すことで、貝の厚みが漆器にきちんと吸収されて、段差がない綺麗な模様になるわけです」

螺鈿細工とは、こんなにも手間がかかるものだったのか。お値段が張るわけである。

「かぶれは友達」

「そういえば、漆はかぶれるんでしたよね？」

力強く頷く大崎さん。

「はい、それはもう、かぶれます！　漆芸専攻では『かぶれは友達』です。敏感な人は、漆芸の部屋に入るだけでも体に出ちゃうくらいで。注意しても完全には防げないし、もう仕方ないですね。慣れです。漆が手についたら、油で洗って落とすんですよ。それから洗剤で洗って、次にハンドソープで洗って、ハンドクリームを塗る。そういう対策も覚えました。とにかくみんなかぶれてますから」

「漆芸専攻の人、一発でわかっちゃいますね」

「そうですねー……工芸科って年に一回バレーボール大会をやるんですよ。そこでも、漆芸専攻がトスしたボールで、他の専攻の人がかぶれちゃったりしますから。教室でも、あんまり近くに座んないでって言われたりとか。迫害されてます」

大崎さんは苦笑してから、続けた。

「あと、漆は高いです」

「あれは樹液ですよね？」

「ウルシの木から取った樹液です。日本で一般的な『殺し掻き法』という収穫方法では、十五年育てたウルシの木から、たった二百グラムの樹液しか取れません。それも、一度取ったらそれで木は死んでしまいます。生漆という一番シンプルな、木から取ったばかりのコーヒー牛乳みたいな色をした漆があるんですが……中国産の生漆が四百グラムで六千円くらい。日本産だと百グラムのチューブで一万二千円とかです」

「け、けっこうしますね。それも何度も塗るから、すぐなくなってしまいそう」

「はい。装飾の貝や、金も必要ですからね。これも高くて……」

大崎さんは頭を抱える。

「じゃあ、制作をするだけで随分お金がかかってしまうわけですか？」

「卒業制作の前に六十万くらいは貯金しとけ、って言われますからね。なので、頑張ってバイトしてます。あんまりお金がかかるから、取手キャンパスでウルシの木を栽培しようとした先輩もいるそうです。うまくいかなかったらしいですが」

漆はそんなに貴重品だったのか。近所のスーパーに百円の漆器が売っていたけれど、よく見たらウレタン塗装と書かれていた。本物の漆器なら安くても八千円はするそうだ。

「でも漆は面白い素材ですよ。私たち、とりあえず塗ってみます」

「とりあえずって？」

「とりあえず、そのへんのものに。紙コップに塗ったら、漆コップにならないかな、とか。先生が、みんなそういうところからやってみるよね、と言ってました。みんなやるみたいです」

「授業で技法を習いつつ、自分でいろいろ試してみるんですね」

「そうです。勝手に、自分で塗ってみます。まずはやってみないと。ちょっとしたアクセサリーを作るくらいだったら、そんなにハードルも高くないんですよ。東急ハンズで漆を買ってきて、百円ショップの筆でちょんちょんって塗るだけでも、立派な漆塗りですからね」

漆は応用のしがいがある素材だ、と大崎さんは言う。

「一人四役。塗料でも、絵の具でも、接着剤でも、造形素材でもありますから」

「造形素材にもなるんですか？」

造形素材とはつまり、粘土やゴムといった、材料そのもののことだ。

「はい、乾漆（かんしつ）造形と言って、漆で木の粉を固めて櫛（くし）を作ったりできるんです。可能性は無限ですよ！」

ふーむ、本当に不思議な素材だ。

なんと一度固まった漆は、酸でもアルカリでも温度変化でも、ほとんど劣化しないという。そのため、縄文時代の漆製品がほぼそのままの姿で出土したりするそうだ。使っていた人がとっくの昔に死んでいても、何千年も残り続ける漆製品……ロマンである。

「やっぱり、宇宙の果てから生まれてきた物体ですよね」

大崎さんは、しみじみと言うのだった。

天才たるゆえん

絡繰り人形の佐野さんは、どんな漆器を作りたいのだろう。

「漆の技法で、表面を鉄錆（てつさび）そっくりに塗る方法があるんです。それを利用してみたいです。見た目は鋳物（いもの）。なのに持つと非常に軽くて、蓋（ふた）を開けて中を見ると、色とりどりの漆のつやがあるとか……びっくりしますよね」

絡繰り人形と同じく、佐野さんは「見た人の驚き」を大事にしているようだ。

だけど僕は、ちょっと不思議だった。漆芸をやりたくて藝大に入った佐野さんは、一方で千を超える部品を作ってまで絡繰り人形を組み立てている。どうしてそれが両立するのだろう。

「学校では漆をやって、バイト中に、バイトは予備校の講師なんですが、その空き時間に絡繰り人形の部品を作ってます。家でも、夜中まで作業してますね。睡眠時間は、だいたい三、四時間くらい……です」

「よく続けられますね。漆芸と絡繰り人形を、繋げようとは考えないんですか？」

「教授にも、漆を使って絡繰り人形を作ったら、と言われたことはありますが、今のところそのつもりはないです」

「別個のものなんですか？」

「まあ、無理に一緒にするものでもないと言いますか……どちらもやめずに続けていくとは思いますけど。いま作っている絡繰り人形は、卒業までに何とか完成させて、誰かに見てもらいたいですね。まあ、そんなに注目されることはないと思いますが……何か結果が出たら、嬉しい、そう思います」

何だか、肩に力が入っていない人だ。

ふと、音校の青柳さんを思い出した。二人とも独特のゆるさがある。絡繰り人形で世界に打って出るとか、口笛の魅力を世界に知らしめるとか、これ一本で食べていくとか……そういった勇ましい、積極的な言葉を彼らは使わない。考えもしていないようだ。

こんなに凄い人たちなのに、どうしてそうなんだろう？

佐野さんが何気なく口にした。

「僕、ものを作っている時間が、好きなんです」


赤坂の地下一階にある小さなライブハウス。

僕と妻は、青柳さんの「口笛ライブ」を聴きにやってきていた。ジンジャーエールを舐めながら待っていると、青柳さんがちょっと照れくさそうに笑いながら、手を振って現れる。拍手。スポットライトが当たるなか、マイクを持つ。

ピアノの伴奏が始まり、青柳さんが目を閉じて口をすぼめる。

高く透き通った音色がどこまでも広がっていき、唐突に素早いリズムに切り替わったかと思うと、また滑らかに伸びていく。まるで青柳さんは空中に浮かび、魔法の雲を口から吹き出しているかのよう。これが本当に口笛なんだろうか？

「こりゃすごさね……」

あまりの感動で妻が意味不明な関西弁を口にするくらい、素晴らしい演奏だった。

だけど僕の心に残ったのは、誰よりも楽しそうに口笛を吹く青柳さんの表情である。

見ているこっちが嬉しくなるくらい、とっても気持ちよさそうなのだ。

たぶん、そういうことなんだ……。

僕は、「ものを作っている時間が好き」と言った佐野さんを思い出していた。

誰かに認められるとか、誰かに勝つとか、そういう考えと離れたところに二人はいるようだ。

あくまで自然に、楽しんで最前線を走っていく。

天才とは、そういうものなのかもしれない。

5．時間は平等に流れない

鎌田渓志（器楽科ホルン専攻）
荒木遼（建築科）
内山悠（工芸科陶芸専攻）
清水雄稀（工芸科陶芸専攻）

親不知も抜けない

「親不知が抜けなくて困ってるんですよ……」

梅雨明けの暑い日。器楽科ホルン専攻の鎌田渓志さんは呟いた。少しカールした髪の下、大きな黒縁の眼鏡の奥で、理知的な印象の目をしばたたいている。

「痛いからですか？」

「いえ。痛いのはいいんですが。抜くと、場合によっては二週間くらい腫れあがることがあるそうなんです。そうなったらホルンが吹けません。でもホルンを吹かない日なんてないし、二週間本番がないタイミングもなかなかないんです」

音校の学生は、練習とレッスンだけで毎日を過ごしているわけではない。学生のうちからプロとしてコンサートに出ることもあるし、時にはコンクールにも出場する。こういった〝本番〟に臨んで名を売り、技術を上げていくのだそうだ。

「本番はそんなに頻繁にあるんですか？」

「年に五十回くらいはありますね」

「え？　というと、週に一回ですか？」

「季節によって多少偏り（かたよ）もありますが、平均すればそうなりますね。常時数十曲ほど、本番のために練習する曲があります」


　一方、僕の妻は、何だかいつも家にいる。

「次に学校に行くのはいつ？」

「一か月後くらいかなあ」

　鎌田さんとはえらい違いである。

「ねえ、それで卒業できるの？」

「え？　うん」

「だって単位とか……」

「もう座学の単位はだいたい取り終わっちゃったよ」

「え？」

　聞いてみたところ、座学の必修単位は二十単位そこそこしかないそうだ。授業のコマ数で言うとたったの十コマ前後。取ってしまえば、残りの卒業要件は実習だけ。

「彫刻科では、一、二年は基礎実習としていろんな素材に触るんだ。木とか、粘土とか、金属とか……だけど三年になったらもう自分で好きな素材を選んで、好きに制作するようになるの。三年だと二つくらい作品を制作すればいいし、四年では卒業制作をやればいい感じ」

「じゃあ、それだけ提出すれば、後は何をしていてもいいの？」

「そうだねえ」

　妻のように木や粘土を主な素材として選べば、家でも制作ができる。だから、必ずしも学校に行く必要はない。学校の設備や、教授のアドバイスが欲しければ行けばいい。最小限のものだけを作って残りの時間を別の何かに当ててもいいし、精力的に作品を作り、個展を開いたりコンクールに応募したりして腕を試してもいい。全（すべ）ては学生に任されている。

「サボっちゃう奴もいるんじゃ……」

「でも自発的に作らないと、あまり意味ないから」

　なるほど。彫刻は誰かに言われて作るようなものではないのだ。学校は環境を整えるだけで、あとは学生次第。彫刻科はそんなスタンスらしい。

「まあ、学生の間に結婚しても、何も言われないくらいだもんね」

「うん」

妻は僕と結婚するにあたり、お世話になっている教授にも報告した。普通であれば反対されるか、少なくとも心配されそうだが、「おお、おめでとう」と大らかなものだったそうだ。妻はのんびりと言う。

「教授自身が、学生同士で結婚して子供もつくった人だからねー」

親不知を抜くのさえままならない人もいれば、出産する人もいる。

藝大生の忙しさは、人によってまちまちなのだ。

建築科の段ボールハウス

薄暗い室内に机が並んでいる。だが、積み上げられた様々な物品によって、その表面はほとんど見えない。どこを見回しても目につくのはケント紙のロールや紙テープ、アクリル板、ベニヤ板、発泡スチロールなど……棚が全部ひっくり返った画材屋のようだ。

ここは藝大で最も忙しい科の一つ、建築科の製図室（アトリエ）である。

「現在制作中の模型が、これです」

建築科三年生の荒木遼さんが、自分の机に案内してくれた。段ボールの間を縫うようにして近づく。畳一畳より少し大きいほどの机の上いっぱいに、ミニチュアの建築物が載っている。

「学校を設計するという課題なんです。これはどの教室からも校庭が見渡せる、どこからでも校庭に飛び出していけるというコンセプトで作りました」

こんな学校に通ってみたい。そう思わせる模型だった。周辺の建築物や並木道も合わせて作られている。色も塗られていて、模型の中で木製のテラス、コンクリート製の壁などが一目でわかった。精巧で美しい模型だった――模型だけは。

周辺はといえば、荒木さんの私物と、制作用の材料が散らばり、積み上げられている。傘。塗料のスプレー。糊(のり)。パソコン。パソコンの台になっている段ボール。棚、紙、ビニール袋、コンクリートブロック、設計図面、絵の具に絵筆、裸電球、絡まり合った電源コード……。

「みんな、自分のスペースと机が与えられて、そこで作業するんです」

「…………」

決して広いとは言えない中で、大量の材料を使って模型を作るのだから、こうなってしまうのも仕方ないのだろう。

「スペースをベニヤ板で囲んで、家みたいにしてる人もいますよ。ほら、あそこ」

荒木さんが指さした先を見て、僕は唖然とする。

「ええと……その……段ボールハウスみたいですね」

「実際、半分住んでるような人もいます。課題提出前なんかだと、泊まり込みが当たり前ですからね。冷蔵庫や炊飯器を持ちこんで自炊するんですよ」

荒木さんの机の脇、段ボールの上に寝袋が一つ、ぽんと置かれていた。

建築科というくらいだから、もちろん建築について勉強するのだろうけれど、具体的にどんなことをしているのだろう。

「建築科に入って最初の課題は、椅子を作ることなんです」

長身ですらりと手足の長い荒木さんが、物静かな口調でゆっくりと説明してくれた。

「建築科なのに、木工から始まるんですね」

「建築の最小単位は椅子、という考えなんです。人間の体とモノをどう関係させるのか、それを考えるのが建築ということで……まずは椅子。工芸科の教授に木工の技法を習って、進めていきます」

「何かテーマが与えられたりするんですか？」

「はい。僕の時は『サブカルチャー』をテーマに椅子を作りました。椅子とは何か、椅子をどう考え、どう捉えるか……そういったことを自分なりに深掘りしながら作るんです」

「ただ作る、というわけではないんですね」

「建築って、基本的にはお客さんがいる仕事なんです。それは施主さんや、利用者の方だったりしますが……お客さんに、その建築の意義をきちんと説明できなければなりません。これがけっこう難しくて、視野を広く持たないとならないんです」

周囲の街並みに溶け込めるかどうか。歴史的にどんな背景があるか。地域にどんな文化があるか、住民の年齢層はどれくらいか……。そういった事柄に配慮していなければ、有意義な建築物とは言えないという。

僕が何気なく住んでいるアパートも、誰かがそうして作ったのだろうか？

考えたこともなかった。実際に住んでいる人が気付いていなくても、建物を作った人が配慮したことは、たくさんあるのかもしれない。

「そういった課題が椅子から始まって、二年生になると住宅、集合住宅、小学校。三年生では地区設計、都市計画といった具合に変わっていきます。四年生では街くらいの規模で、自分でテーマを決めた卒業制作を行います」

「次第に大きくなっていくんですね」

「数か月くらいのスパンで課題が変わります。一つの大きな課題の中でも、細かい小さな課題がたくさん出るんです。ですので毎週、何かしらの提出物がある感じですね」

実際の提出物を見せてもらった。筒状に丸めたボール紙が机の上に広げられる。

「えーとこれは……倉庫ですか？」

農家の倉庫が、真横から見たアングルでスケッチされている。ただの絵ではなく、並んでいる農機具の名前、生えている木や雑草の名前などが、全て併記されていた。

「『いつも通る場所をよく観察して、自分なりに記述する』という課題で……実際にそこに行って描くんです。構成要素……この農機具の名前や植物の名前ですね、これも自分で全部調べて記入するんです」

「凄く細かいですね……」

倉庫の手前には竹とビニールテープで組まれた、いかにも手作りといった感じの柵がある。柵が絵に描かれているのはもちろんだが、なんとそのビニールテープの結び目までが、位置、結び方、ほつれ具合まで全て正確に描き出されているのだ。ビニールテープにとっても、ここまでされたのは初めてなのではないか。

「この結び目と柵は、レイヤーになってるんです」

荒木さんがそう言って紙の上で手を動かすと、結び目が動いた。結び目と柵はそれぞれ透明のフィルムに描かれていたのだ。重ねて全体像を見ることもできれば、個別に見ることもできる仕組みだ。聞かずにはいられなかった。

「あの……すみません。そこまですることが、何の勉強になるんですか？」

「うーん。自分でも正直、ちんぷんかんぷんな課題だったんですよね……。ただ、いろんなものをいろんなスケールで観察していると、きりがないということはわかりました。そういったことを全身で感じなさいと、教授には言われましたね」

荒木さんは真面目な表情で続ける。

「一定の期間そこにいないと、見えてこないこともあるんです。柵のこの部分は猫の通り道になっているだとか……。メジャーを持ち歩くようにも言われてますね。もののスケール感を、いつでも把握するようにと」

こういった提出物がほぼ毎週あるから、泊まり込まないと終わらないのだ。


一緒に泊まって、一緒にご飯食べて、一緒に寝て

建築科の他にも、泊まり込みが当たり前になっている学科がある。工芸科の陶芸専攻だ。

「窯番(かまばん)があるから許可されているんですよ。毎週木曜日が、窯の日なんです」

　四年生の内山悠さんと、三年生の清水雄稀さんに陶芸研究室の中を案内してもらった。内山さんは大柄で物静か、清水さんはひょうひょうとしていて話し上手だが、共通点があった。手が大きく、指が太い。

「つまり、粘土で作った器を窯で焼くということですよね。これがそうですか」

　研究室の奥には業務用冷蔵庫のようなものがいくつも並んでいる。

　内山さんがハンドルを回して蓋を開くと、中にびっしりと電熱線が這(は)っていた。

「これは電気炉ですね。あっちはガス炉。サイズも大きなものと小さなものとがあって、その時々で使い分けています」

　人が数人入れそうなものから、ちょっと大きめのオーブンくらいのものまで様々だ。

「これ、スイッチを押したら後は放っておけばいいのでは？」

「それが、最低でも一時間に一回は中の様子を確認して、温度調節しなくてはならないんです」

「交代で、ですか」

「いえ。全員でチェックします」

「へえ……全部でどれくらい焼くんですか」

「ほぼ丸一日ですね」

「そんなに！」

木曜日の朝に窯詰め、つまり窯の中に作品を並べる。お昼過ぎには火をつけて、翌日の朝方まで焼く。この日は徹夜だ。焼き終えたらそのまま冷ましておき、月曜に取り出す。この繰り返しだそうだ。

かぽ、と清水さんが窯の側面から何かを取り外した。ピンポン球が入るくらいの穴が現れる。

「ここから中の様子を見るんですよ」

「覗き穴ですか」

「といってもね、覗けないんですよ。中から火がブワーッと噴き出してくるんで。だから離れて、こう、避けながら何とか見る感じで。俺は眼鏡を何度か溶かしたことがあります」

「僕は髪がちょっと燃えたことが」

内山さんが頭をさすって苦笑い。中は千三百度ほどになるというからなかなか恐ろしい。これはマグマに近い温度だから、陶芸は人の手で火成岩を作るようなものだ。

「一応温度計もついているんですけれど、それだけでは十分確認できないので。指標、ゼーゲルと言うんですが、器と一緒に中に入れておいて温度を見るんです」

見せて貰ったゼーゲルコーンは、簡単に言えば三本のトゲが飛び出した石だ。トゲは陶器のような触感である。一つ三百円ほど、使い捨て。

「温度によってトゲが溶けて倒れるんです。このトゲだけ溶けたら千二百三十度、このトゲも溶けたら千二百五十度、このトゲもだったら千二百八十度。これを目安に電圧や火勢を調整します」

三十度刻み。凄まじい高温なのに、調整は細かい。

だが焼きはまだまだ奥が深いという。

「焼き方にも色々あるんです。酸素を多めにして焼く焼き方、酸化焼成。それから、酸素を少なめにして焼く焼き方、還元焼成。色の出方が変わってくるので、分けて焼きます。さらに銅の含まれた釉薬を塗って焼くと、銅の粒子が散ってしまうらしくて……それも別にしないとならないんですよ」

棚には焼き方の分類別に「酸化」「還元」などと札が貼られ、それぞれ器が並べられている。

「だからたくさん炉があるんですね」

「結構な燃料代がかかるらしくて。ガス炉だったら一回焼いて五万だったかな。できるだけまとめてやるんです。上級生が『こういう焼き方をやるので、一緒にやる人』と募集する感じですね。下級生は手伝いながらやり方を覚える」

窯の日には「窯ご飯」といって、みんなでご飯を食べるそうだ。

「三年生がメニューを考えて作ります。だいたい一気にたくさん作れるものかな、カレーとかシチューとか」

陶芸研究室の棚には巨大なお釜が一つ。一升三合から一升五合ほども炊くという。同じ屋根の下で肩を並べてものを作り、同じ釜の飯を食う。まるで家族みたいだ。

そして食器には事欠かない。卒業生が置いて行った器やらコップやらが、大きな棚二つ分ほどもぎっしり詰まっているからだ。

「あ、ここにあるものは好きに使っていいんですね」

「もう誰が置いていったかもわからないんですよ。時々割れるんですが、また新しいのが置かれていくので。良かったらお茶、どうぞ」

「ありがとうございます！」

研究室お手製の湯呑みで飲むお茶は、格別だった。

恋愛と、作品と

「僕たちも毎年冬になると、みんなで寝泊まりすることが増えます」

建築科の荒木さんが教えてくれる。

「卒業制作の提出まであと少しの時期なんですよ。四年生に数人ずつ、下級生がつく形でグループが組まれて。みんなで四年生を手伝って模型を作るんです」

「一人ではとても終わらないんですね」

「そういうことです。四年生は手伝ってもらう。下級生は手伝いながらテクニックなどを教わるんです。四年生はみんなにご飯とか奢（おご）って、財布が大変だって言ってますね」

助け合い、教え合う。泊まり込みが当たり前の学科では、そうして時間が過ぎていくようだ。

「たまに科内で付き合うカップルもいますが、大変そうですよ。四六時中顔を合わせますからね。別れたりしたら気まずいし、みんなにも丸わかりですから。僕は、できれば外で恋人は見つけたいですね」

一緒にいられない十五時間

「失敗作が捨てられないんですよ。全部持ち帰っているので、家が器だらけで。人によっては割っちゃう人もいますけれど。俺は愛着が出てしまって」

清水さんは、眼鏡の奥のつぶらな目をしばたたかせる。その理由は制作の工程を聞いていたら、よくわかった。

「土は土屋さんから買うこともできるんですが、これは自分で取ってきた土です。まずはこうして乾かして」

本当にその辺からシャベルで掘ってきたばかり、といった感じで土が小さな塊ごとに並べられている。

「乾いたら叩いて砕いて。ふるいにかけて。すっかり粉にしたら今度は水に浸して。練って」

これは相当の力仕事だ。

「霧吹きで水を加えたりしながら、気泡がなくなるまでよく練り込みます。そして形を作る」

成形にも色々な技法があるが、清水さんはろくろが好みなのだという。学生には一人一人、ろくろ場が与えられていた。

「数日放っておくと乾いてかちんかちんになっちゃうんで、室の中に保存します。水の含み具合が均一になっていないと、焼いた時に割れちゃったりするんです」

　内山さんが指し示した一画が室。と言っても要するに密閉できる棚で、下に水の入ったトレイが置いてあるだけだ。

「た、単純な作りですね」

「ですね。まめに補給しないと水が切れちゃいますし。結構土って、水を吸うんですよ。それから夏場はそこでボウフラが湧いてパニックになりました。藝大の蚊ってなんかデカいんですよね」

　研究室の一画にある棚には文房具などのほか、虫刺され薬がちゃんと常備されている。さらに奥に行くと、無数のラベル分けされたポリバケツが並んでいた。開けて見ると、粉が水の中に沈んでいる。

「釉薬です。素焼きしたものにこれをかけて本焼きします。ガラスのような成分なんですが、焼いた時に溶けて、表面に色んな模様や色合いが出るんです。僕は自分で調合して作ることが多いです」

　ほんの少しのレシピの差で、びっくりするほど色合いが変わってしまうため、電子式のはかりできっちり量らないとならないそうだ。使う材料も様々で、中にはドクロマークが記載されているものも。

僕は溜め息を吐いた。

「使う土、成形の技法、釉薬の調合、焼き方……組み合わせは無限大なんですね」

清水さんが頷いた。

「俺は陶芸専攻に入って一年半くらいですけど、まだまだ色々試して、模索中です。あっという間に時間がたっちゃう」

内山さんが付け加える。

「先生にはよく『絞れ』って言われますね。自分がどんなものを突き詰めていくのか目星をつけろと」

「陶芸って縄文時代からあるので。この山を全部器にしちゃった、なんて産地もあるくらいです。ある意味でやり尽くされた世界なんですよ。その中で個人の解釈を載せていかないとならなくて」

清水さんがそう言うと、内山さんも頷く。

「自分は何をやるか。僕は釉薬もそうですけど、技法でもゼロから自分のやり方を試しています。ろくろなどではなく、布を使って形を作るですとか。少しずつ、自分の美意識を探っていく感じです」

試行錯誤の連続。だが二人とも、そんな日々を心から楽しんでいるようだった。

なるほどなあ。

「そうやって色々考えて、今度はこの組み合わせで、こんなものを作ろうと計画を立てて。手間暇かけて作って……それが、焼いた時にパリンとなってしまったら。思ったような色合いにならなかったら。それで失敗になっちゃうわけですか。これは辛いですね」

清水さんがにやりと笑う。

「窯を開けて見て、『あちゃー』となることはよくありますよ。みんな、あちこちで『あちゃー』です。もう、それの繰り返し」

「あ、だから窯番では、わざわざ全員で火加減をチェックするんですか？　少しでも失敗しないように……」

二人はしばらく黙り込んだ。内山さんが首を傾げる。

「留学生なんかは、不合理だって言う人もいますね。向こうではプログラム制御もできるらしいんですよ。コンピュータに火加減を入力して、後は待っているだけ」

それは楽で良さそうだ。

「でも俺は、自分で見たいかな」

清水さんが呟く。

「彫刻や絵と違って、陶芸は最後まで作品と一緒にいられないんですよ。それが寂しくて」

一瞬、意味がわからなかった。だが、動いていない炉をじっと見つめる横顔で理解する。窯の中に入れている間のことだ。焼いている十五時間、手から離れているのが、この人は寂しいと言っているのだ。

「だから俺は最後まで、ちゃんと面倒をみてやりたいですね」

芸術の時間

「旅行に行った時、大変だったのよねー」

妻のお母さんが、腕組みしながら苦笑した。

「ルーヴル美術館でね。本当に、全然動かなくなっちゃって」

妻の母、妻、妻の妹、妻の従姉妹（いとこ）。四人で海外旅行に行き、ルーヴル美術館に入った。その一角で、妻は全く動かなくなってしまったという。

「踊り場にある、あの彫像。『サモトラケのニケ』。あれをずっと見てて。一時間くらい見てたかな、まだ見る？って聞いたら、見るって言うわけ。じゃあもう、好きなだけ見なさいって」

なんと、妻はえんえん五時間以上も「サモトラケのニケ」だけを見つめ続けたという。

同行者がすっかり飽きてベンチで昼寝し始めるなか、ただ一心不乱に。

人が芸術に触れる時、時間の流れは少し普段と変わってしまうようだ。

ルーヴルのダリュ階段踊り場、紀元前に作られた彫像の前で立ち尽くす妻を想像して、僕はそんなことを思った。

6．音楽で一番大事なこと

澤村杏太朗（指揮科）
山口真由夏（器楽科ヴァイオリン専攻）
三重野奈緒（器楽科ピアノ専攻）

寝ても醒めてもフル再生

僕はコンサートホールに来ていた。

これからオペラが始まる。煌びやかな衣装に身を包んだ出演者が並び、楽譜をセットする微かな音が響いた。観客の目は彼らに注がれ、緊張と期待で場内は静まりかえっている。

僕は舞台の右奥……客席からはほとんど死角になっている場所を、体をひねって首を伸ばし、無理な体勢で見つめていた。

そこには、指揮科三年生の澤村杏太朗さんが座っている。

澤村さんは舞台の方を向き、笑顔で指揮棒をゆっくりと持ち上げる。大きく息を吸ってから、そっと、呼びかけるようにその口が開く。

――さあ、いこう。

音楽が始まった。

「指揮者って派手なイメージがあるかもしれませんが、実は地味なことをしている時間が凄く多いんですよ」

テーブルを挟んで向かい合う澤村さんは、素朴な笑顔の、どこにでもいそうな大学生だ。服装は黒いジャケットとジーンズ。指揮者といえば強烈なカリスマ性を持っている人物、というイメージがあった僕は、少し意外に思いながら聞いた。

「地味なことと言うと、例えばどんなことをしてるんでしょう」

「まず、とにかく楽譜を読んでますね……。楽器の人は最低自分のパートがわかっていればいいんですけど、僕は全部のパートが頭に入ってなくちゃいけないんで。暗記は必須（ひっす）です」

曲によっても異なるが、オーケストラならパート数が二十を超え、交響曲（シンフォニー）ならその長さは一時間ほどにもなる。それを全部暗記するのか……。

「まずは楽譜を暗記します。それから実際に各パートを口ずさんだり、ピアノで弾いたりして耳にも覚え込ませます。こうして準備ができたら、次は自分のイメージを高めていくんです。この曲を、実際にどんなふうに演奏したいか」

こう聞くと感性の世界の話のようだが、実際の作業はやはり地味だそうだ。

「とにかく、勉強です。曲の背景を知らないといけません。書かれた当時の社会、作曲家がどんな人なのか、彼の生涯のどんな時期に書かれたものなのか、作曲家がその時どんな気持ちだったのか……たくさん論文を読みます。それからその作曲家の、他の楽譜も読みます。作曲家も人間なんで、曲の作りに癖がありますからね。作曲家が思い入れを持っていそうな部分をピックアップするわけです。そうやってこの曲はこのタイミングをぴったり合わせなきゃとか、こんな呼吸で演奏しようとか、イメージを膨らませていくんです。何度も何度も、頭の中でシミュレーションして」

「確かに、地味な時間ですね……」

澤村さんは微笑んだ。

「そうなんですよ。僕らは指揮棒を振っている時間より、一人、頭の中で音を鳴らしている時間のほうが圧倒的に多いんです」

僕にはよくわからなかった。どうしてそこまでして、作曲家の心情を汲み取る必要があるのだろう？　クラシック音楽の場合、ほとんどの作曲家はとっくに死んでしまっているわけだし、現代の人間が好きなように演奏したって別に構わないんじゃないだろうか。

そんな僕にヒントをくれたのは、器楽科ヴァイオリン専攻の山口真由夏さんだ。山口さんは切れ長の目で柔らかく微笑みながら言う。

「ソビエト連邦で、音楽も共産党に支配されていた時代、反政府を言葉ではなく音楽で伝えようとした作曲家がいるんですよ。口で批判したら投獄されますけど、音なら邪魔されないですから」

音楽は自由なんです、と山口さん。

「ショスタコーヴィチという人です。彼の曲を弾いてると、物凄く訴えかけてくるものがあって……もう、本当に病んできますよ！」

当たり前だけど、山口さんにソビエト連邦で弾圧を受けた経験はない。しかし曲を弾くだけで、作曲家の憤り（いきどお）がありありと伝わってくるそうなのだ。確かに、そんな曲をただ好き勝手に弾いても、あんまり意味がなさそうだ。ソビエト連邦でどんな弾圧があったのかを調べ、ショスタコーヴィチがどんな人生を送ったのかを学んで、彼の気持ちと一体化して……ようやくその曲が弾けるような気がする。澤村さんがやっているのは、そういうことなのか。

「楽譜どおりに演奏するだけではダメなんです。作曲家の込めたものを汲み取らないと、曲の魅力は引き出せません」

楽譜は、例えるなら芝居の台本のようなものらしい。書かれている台詞（せりふ）をただ棒読みしても、それは芝居にはならない。演者が物語を理解し、登場人物の心情を汲み取って台詞を発することで、やっと芝居が出来上がる。

指揮者は真っ裸

澤村さんは続けた。

「地味な時間がほとんどでも、手は抜けません。『指揮台に立つと丸裸にされる』とよく言われるんです。指揮者が勉強不足だったらオーケストラにはすぐにばれてしまいますし、そうなったら次の仕事は貰（もら）えなくなりますからね」

「そうして事前に作り上げた曲のイメージを、本番当日に再現するんですね」

「はい、でも当日より前にリハーサルです。リハーサルはプロで二、三回、アマチュアならもっとたくさん行います。そこで楽器の人に僕のイメージを伝え、曲の背景なんかをちょっと話したりしながら、楽譜には書かれていない微妙な調整を行うんです。たとえば『ここはチェロもっと出て』と言ったり。『出て』というのはヴァイオリンに音量を抑えてもらって、チェロには音を大きくしてもらう、というようなことですね。そうして理想の演奏に近づけていくんです」

「演奏者の中には、年上の方や、プロの方もいらっしゃいますよね。澤村さんはまだ学生なわけですし……協力してもらうのは大変じゃないですか？」

「そうですね。よく僕も先生に言われるんですけど、指揮者に最も必要なのは『人間力』なんです。人としての魅力っていうか。自分の情熱を伝えて、理解してもらって、賛同してもらわないとならない。ひたすら下手に出てお願いすればいいわけでもないし、かといって俺様気質で命令すればいいというものでもなくて……」

　難しいです、と澤村さんは頭をかいた。

「藝大の受験でも、試験官の前で指揮をするんですけれど、この時間が短いんですよ。五十分の曲を暗記していくんですが、実際に棒を振るのは二つの楽章の出だし十小節分だけなんです。ほんの数十秒です。何が合否の判断基準かは謎ですねえ。それこそ人間を見ているんじゃないでしょうか」

「人間力、ですか……。それって、どうやって鍛えるんでしょう」

「うーん。僕もまだ修業中ですからね……」

「授業では、どんなことを習うんですか？」

「座学では主に外国語とか音楽理論、レッスンでは指揮棒の技術ですね。レッスンは藝大の練習室で、先生と個別に予定を合わせて行います。先生も現役の指揮者ですから、お忙しいんです。スケジュールはまちまち、その時その時で相談します。二か月に一回のこともあれば、一週間に三回になっちゃうことも。レッスンでは教授がピアノを弾くので、その前で指揮をして、見ていただく感じですね」

「レッスンはそんなに頻繁ではないんですね。他の時間は何をしてるんですか？」

「外での仕事をします。先生の代理や紹介で、オーケストラのリハーサルに行って、実際に指揮をするんですよ。土日はほとんどこれで埋まります。レッスンと外での指揮を同じくらいのウエイトでやります。課題を見つけて検討して、実践して、を繰り返してますね」

レッスンで棒を振る技術を鍛え、オーケストラの前で人間力を鍛えるのだ。

「初対面のオーケストラに行く時なんか、もう緊張して……胃が痛いですよ。自己紹介で何を言おうかな、少し冗談を考えておこうかなとか。先生は『百人いたら百人がこちらを好きになってくれることはない。だが、百人がこちらを嫌うこともない』って言いますね。そう思って、いつも向かいます」

澤村さんは穏やかで話しやすくて、誰にでも好感を持たれそうな人物だった。オーケストラがついていく気になるのは、こういう人物なのかもしれない。

自主練は九時間

指揮者が孤独に楽譜と向き合っている間、演奏者は何をしているのだろう。

器楽科ピアノ専攻三年生の三重野奈緒さんに聞いてみた。色白の三重野さんは、意思の強そうな大きくて黒い瞳(ひとみ)を一、二度瞬(まばた)きさせる。

「とにかく練習ですね。授業のない日なら、だいたい九時間くらいは自主練します。休憩を挟んで、三時間を三セットという感じで」

「九時間！　自主練は毎日ですか？」

「毎日です。一日ピアノに触らないと、三日戻ると言いますから」

「じゃあ、旅行には行けませんね……」

三重野さんが、くすっと笑う。

「そうですね、行っても一泊二日、です」

バイトや部活は、練習があるからできない。飲み会すら、ほとんどないという。

「禁欲的ですね」

「いえ、割と普通の大学生してると思いますよ！　例えば、寝坊して昼に起きちゃう日もありますし」

「夜更かししてるんですか」

「この曲を通しで弾いたら終わりにしよう、と思って弾きますよね。でも、途中で一か所つっかえたりすると、そこが気になって……繰り返し練習するじゃないですか。するといつの間にか真夜中なんですよ。お風呂入って歯を磨くと、三時だったり。どうしても夜型になっちゃいます」

「遊ぶ時間とか、ないんじゃないですか？」

「いえいえ、ちゃんと遊びますよ。こないだはディズニーランドに行ってきました。彼氏がいる子もいますし。でも、恋人と会う時間はなかなか取れないですね。コンクール前だと、二週間は練習漬けです。だから毎月コンクールが続くと、二か月に一度会えればいいほうで……続かなくて、別れちゃう人も多いです。付き合っている意味がなくなってしまうというか」

遊んでばかりいた自分の大学時代と比べると、思わずため息が漏れる。

「コンクールは何回やっても緊張します。緊張で八割の力しか出せないなら、実力を二割増しにできるよう練習しなければいけません。本番で実力以上の力が出ることはないですから」

「コンクール以外にも、呼ばれて演奏会に出ることもあるんですよね」

「そうですね。誰かから声がかかったりとか。謝礼を頂けることもあれば、逆に払うこともあります」

「えっ、お金を払って演奏するんですか？」

「はい。オーケストラの中で弾かせて頂く時は、十万くらいかかったりします……結局名前と顔が売れないと、仕事のお話も来なくなってしまうんですよ。そのためにはお金を払ってでも、演奏したいこともあるんです」

「でも、そのたびにドレス代なんかもかかりますよね」

「そうですね。ものにもよりますが、買うと十五万くらいはするかな。全部で十五着ほど持ってますよ。暗い曲調に合うドレス、明るい曲調に合うドレスと、どうしても複数必要で」

「お金がかかりますね」

「かかりますね。ピアノ専攻というとお嬢様ってイメージがあるかもしれませんけど、藝大生はどちらかと言えば庶民的なほうなんです。国立なんで、学費も安いですし。本当のお金持ちは私立に行きますからね。私立だと、普通に全身ブランド品で固めている人なんかもいます。私は自分でお弁当を作ったりして、頑張ってます！」

「まさに、音楽に学生生活を捧げているんですね……」

「そうそう、ピアノの人はみんな、ラインの返信が遅いですよ。練習に集中しているんで、携帯見ないんですね」

「あ、ピアノの方もラインをやるんですか？」

「やりますよー。携帯のゲームも流行(はや)ってますよ。みんな連打が早いので、連打系のゲームはうまいです！」

三重野さんは明るく笑った。急に普通の女子大生に見えて、僕は少しほっとする。

「でも……藝大にいるくらいですから、楽譜を見て間違わずに弾くことは当然できるわけですよね。それ以上、どんな練習をするんですか？」

「そうですね、例えば同じドでも柔らかいド、情熱的なドなど、上手(うま)い人ほど全然違う音を使い分けられるんです。私、衝撃を受けた出来事があって。小学校の頃にですね、父が流していた『くるみ割り人形』のＣＤを聴いてたんですが、それがまるでオーケストラみたいに聞こえたんです。ピアノの演奏だったのに、ですよ。凄くいろんな音の広がりがあって」

三重野さんはその時、ピアノという楽器に感じていた限界を覆(くつがえ)されたという。

「ああ、ピアノってこんな音も出せるんだなあ、って。打鍵(だけん)の技術や速度、タッチ、ペダルの踏み方……そういったことで全く音が変わるんですね。体格や性格も影響します。重々しい音が得意な人がいれば、軽やかな音が得意な人もいますから。自分の個性も活かしつつ、音の幅を広げることで、伝えたいものを演奏で伝えられるようになる。そのために練習するんです」

楽器のための「体」

「巨匠は、まるで息をするようにヴァイオリンを弾くんですよ」

ヴァイオリン専攻の山口真由夏さんが、上品に両手をテーブルの上に重ねて置いた。細くて長い指が目を引く。

「それくらい使いこなせるようになるには、楽器を体に合わせるのも大事になってきます」

「それは、どういうことですか？」

「ヴァイオリン奏者って、骨格が歪んでいるんです。ヴァイオリンは顎に当てて、こうして弾きますよね。すると顔の左右が対称でなくなったり、下側の歯並びが悪くなったり、足や腰の左右のバランスが変わっていったりするんです。そうしてヴァイオリンを体の一部にしていく」

楽器を体に合わせるというよりは、体を楽器に合わせている。奏者はまるで、楽器を持って初めて「完全体」になる生き物のようだ。

「そうして、ようやく思い通りの演奏ができるようになるんです」

「ピアノやヴァイオリンを小さい頃から始めたほうがいいというのは、体の理由もあるのよ」

楽理科卒業生の柳澤さんが言っていた。

「体が作られる時期に練習をすることで、楽器に適した体に成長するの。その時期を逃して後から始めると、もうそれだけで差がついちゃう……」

楽器を演奏することは、想像以上に肉体に負荷をかけるようだ。

「コンバスやってると、左肩の筋肉がむきむきになるんです。着る服が限られちゃって、困ります。あとは少し前傾姿勢で弾くので、腰痛にもなりがちです」

器楽科コントラバス専攻の小坪直央さんの言葉。

「私たちは、足のくるぶしに正座ダコができますよ。邦楽やっている人にはみんなあると思いますね。そのかわり私たち、一時間くらいの正座なら全然平気です」

邦楽科長唄三味線専攻の川嶋志乃舞さんも、そう言う。

「それから撥を持つ方の手には、凄く筋肉がつきますね。こんな感じです」

川嶋さんは腕まくりして、ぐっと力を入れてみせてくれた。肩から掌（てのひら）の指先まで筋肉質で、まるで獲物（えもの）を捕らえて運ぶ猛禽（もうきん）の足のようだ。

「小さい頃からヴァイオリンは、いつも持ち歩いてますね。たまに持たずに外にでると『あれ、ないっ！』って慌（あわ）てちゃいます」

山口さんが銀色のヴァイオリンケースを手品のように取り出した時、僕は思わず息を呑（の）んだ。待ち合わせで会った時には、ヴァイオリンは持っていないように見えたのだ。肩から提げている姿が、あまりに自然だったからだろうか。

「ヴァイオリンには毎日触りたいんです。泊まりでどこかに行くときにも、持って行きますよ。高校の合格祝いで、一週間ハワイに行ったんですけど……あれが、初めて楽器を置いて長期間どこかに行った経験でした」

「ヴァイオリンなしで、ハワイではどうでしたか？」

「暇でしたね。何だか手持ち無沙汰（ぶさた）で」

せっかく遊びに出かけているのに、ヴァイオリンがなくて暇とは……。

「ヴァイオリンは、体が成長する時にサイズを変えたりはしますが、基本は一生ものなんです。これは中学の頃に買ってもらって、ずっと一緒にいますね」

ケースに向けられた山口さんの目は、まるで自分の掌を眺めるようでもあり、大切な人を見つめるようでもあった。

「ヴァイオリンは、山口さんにとってはどんな存在なんでしょう？」

そう聞くと、山口さんはしばらく黙して俯いた。

「……私、中学の頃いじめられていたんです」

ぽつりと、山口さんが言う。

「死ぬ間際まで追い詰められてました。そんな時、ヴァイオリンに集中することで乗り越えられたし……ヴァイオリンに集中していたら高校にも合格して、そこから藝大にも進んで……道が開けていったんです。だからヴァイオリンは恩人ですね。命の恩人」

銀色のヴァイオリンケースがほんの少し揺れて、照明をきらりと反射した。

「辛い時、ただそこにいてくれて。私が弾いたら音を出してくれる……優しかった、です」

目が見えなくなっても、片腕をもがれても

三重野さんとピアノとの関係もまた、「ピアノが好き」なんて言葉ではとても言い

表せないもののようだった。

「鍵盤の場所はもう全部覚えてますから。目が見えなくなったとしても弾けますよ」

　三重野さんはさも、何でもないことのように言った。

「でも、目が見えないと楽譜が読めないのでは？」

「耳で聴けば大丈夫です。その通りに弾けます。ピアニストにとっては耳が一番大事ですね。腕も最悪、何とかなりますから。片腕もがれたとしても、左手だけで弾ける曲もありますし。ですから耳のケアには気をつかってますね。お風呂上がりに濡れたままにしておかないとか……」

　淡々とした口調のなかから、深い覚悟が伝わってくる。

「同期のピアノ専攻だけでも二十四人います。四学年なので、百人。他の音大にもピアノ科はあるので、学生だけで五百人以上のピアニストがいることになります。その中で生き残っていかなくてはなりませんから」

　厳しい世界だ。

「ピアノが嫌になってしまう時は、ないんですか？」

「うーん……コンクールで思うように弾けなかった時は、やっぱり落ち込んじゃいますね。半年間そのために練習してきて、でもそれがたった一回の本番でダメになってしまって。この半年間、何だったんだろうって……」

そう語尾を濁してから顔を上げた。

「でも、コンクールで失敗しても、それは自分の気持ちが弱かったとか……自分の問題なんです。ピアノは何も悪くないんです」

三重野さんが、ゆっくりと続ける。

「音楽の世界って厳しいです。みんなライバルですし、人間関係もどろどろした部分があって。人に嘘をつかれたり、そういうこともあります……。でも、ピアノは絶対私を裏切らないんです。自分が頑張った分だけ、必ず応えてくれるんです。そうして聴く人を幸せにできるし、私も幸せになれるんです」

全員で呼吸する

演奏者は練習をし、指揮者は楽譜と向き合う。膨大な時間をかけて。

「だから、本番を迎えることができた時点で仕事の半分は終わったようなものですよ」

澤村さんは冗談っぽく言って笑った。

「本番では、指揮者はどんなことをするんでしょう?」

「オーケストラを物理的に助けるのが仕事になります」

物理的、の言葉には、まるで外科医が傷口を縫うようなニュアンスがあった。

「なかには合わせにくい、難しい曲もあるんですよ。小節ごとに拍子が細かく変わってしまう曲とか。そんな時、たとえばホルンが落ちるとしますよね。あ、落ちるというのは、リズムがわからなくなって演奏が止まってしまうことです。その時、ホルンに教えてあげるんです。指や表情、目で『今、ここだよ』と伝えるんです。そうして復帰させる」

もちろんそれは演奏の真っ最中。指揮棒は振りながらの作業だそうだ。

「他にも、みんなで音を出すタイミングを伝えたり、リズムがずれてしまっている人を助けたり。全体に目を配って、発生する弱点を助けます。指揮者はよく『交通整理』なんて表現しますね。そうやって全員で海を泳ぎ切るんです」

交響曲という海を、息を合わせて泳ぐオーケストラ。一時間近いその大海の中で、落伍（らくご）しかける人を救い上げ、疲れた人を励まし、そして力を合わせ、事前に何度も何度も楽譜を読んでイメージしたゴールへと、導いていく。

「指揮者の、棒の技術が関わってきますね。拍子をわかりやすく伝えられるとか、やりたいことがちゃんとわかるだとか、そういうことです。棒といっても腕だけの動きじゃなくて、体全体です。全身の使い方が重要ですし、途中で息切れしないスタミナも必要です。あと、大事なのは呼吸ですね」

ピアノの三重野さんも、同じようなことを言っていた。

「ピアノで大事なのは呼吸です。音楽はもともと、歌から始まったんですよ。ですから歌でいう息継ぎみたいなものがピアノでも必要なんです。息継ぎがない演奏は聞き苦しくなっちゃうんですね」

澤村さんが続ける。

「管楽器ならもちろんですし、弦楽器にだって呼吸はあります。全部の楽器に呼吸がある。その呼吸を僕たちは伝え合い、共有して、一体になるんです。音楽の流れに合った呼吸をして、音楽の表情を作っていくんですよ」

打楽器専攻の沓名（くつな）大地さんも、こう表現していた。

「楽器とも、仲間とも、お客さんとも一体になって演奏しますし、しなくちゃならないって思ってます」

思えば演奏する人も、聴く人も、コンサート会場にいる誰もが呼吸をしているのだ。

指揮者の情熱を核として、信頼が引力となって、楽器と一体化するまでに自分を高めた奏者たちが次々に重なってオーケストラになり、それが聴衆をも巻き込んで一つの呼吸する存在になる。

「そうやって、うまく嚙みあって、響きあった時……いや、そんな言葉ではとっても足りないんですけど……とにかく本番で心が一つになって演奏ができた時、物凄く幸せなんです。これをやるために生きているんだって、思います」

澤村さんはため息をつきながら、嬉しそうに笑う。

やっぱり楽しくてやっているんだ……いや、楽しいからできるんだ。

拍手に包まれてオペラが終わった夜、澤村さんはフェイスブックに短い文章を公開した。

ぼくには最近悩みがあります。

それは本番が終わった日にさみしくて眠れないことです。

今日は盛りだくさんだった夏休みの中でも一番大切な本番でした。

初めてのドイツ語、初めてのオケ付きのオペラで、うまくいかないことだらけ。

それでもなんとか乗り切れたのは最高の仲間たちのおかげです。

指揮者は孤独な職業だと言われます。

ひとりで譜面と向き合い、オーケストラや歌手たちの前に立ち。

けれど、こうやって最高の仲間と本番ができたときはそんな孤独は吹っ飛んでひたすら幸せなのです。

これからもこういう幸せに出会える人生にしたいです。

最後に。

舞台にあがって拍手を浴びた人の何倍もの人がオペラを支えてくれました。

そのすべての人にいっぱいの拍手と感謝を！

ありがとう。

7．大仏、ピアス、自由の女神

山田高央（工芸科鍛金専攻）
岩上満里奈（工芸科彫金専攻）
城山みなみ（工芸科鋳金専攻）

謎の〝金三兄弟〟

工芸科は謎の学科だ。

そもそも、彫刻科と工芸科は何が違うのかよくわからない。展示を見に行っても、どちらも動物の像を並べていたりするのだ。

「どう違うの？」

「…………」

妻は僕を正面から見つめたままフリーズする。

妻は工芸高校の出身で、現在は彫刻科に在籍している。どちらも経験しているのだから違いがわかるものと思ったが、そうでもないようだ。

「彫刻は美術品、工芸は実用品かな」

「でも、工芸の人も美術品を作るよね」

「うん……」

「実用品でも、装飾が凝ってれば美術品になるのかな。だとしても、どこからが美術だという境界線はないわけだし。作り手の意思次第ってこと？　それとも見る側の受け取り方次第？」

「……ご飯食べる？」

　妻は話を逸らす。

「もらう」

　あれ。食器棚を見て僕は戸惑った。僕にはお気に入りの箸があって、いつもそれしか使わない。しかし、目の前にはその箸が二対あるのだ。

「僕の箸、増えてるんだけど……」

「あ。作った」

　色も形も重さも手触りも、そっくりな箸が二膳。そういえば昨日、妻は顔を赤くしながらカッターと紙やすりで木の棒を熱心に削っていた。

　なぜ作る。お気に入りがどちらなのかわからないじゃないか。

「へへ」

　それにしてもこれは美術品なのだろうか。工芸品なのだろうか。

藝大の工芸科は基礎課程と専攻課程に分かれている。二年の夏までは基礎課程として全専攻をまたいだ授業が行われ、以降は一つを選んで専攻していくのだ。専攻の数は六つ。陶芸、染織、漆芸、鍛金、彫金、鋳金だ。

前半はまだイメージできるのだが、後半の〝金三兄弟〟は何だろう。読み方からしてわからないのである。それぞれ鍛金、彫金、鋳金と読むそうだ。

「あ、鋳金じゃないんだ……」

妻もわからないくらいだ。君は工芸高校にいたのだろうに。

これらは全て金工……金属加工の技術である。日本の金工技術は、基本的にはこの三つに分類されるそうである。僕は早速、一つずつ覗いてみることにした。

命取りになる機械しか置いていない

「鍛金の研究室を見ていただくとわかるんですけれど、ほとんど町工場なんですよね」

まるで山男のような風貌。工芸科鍛金専攻三年生の山田高央さんが、誇らしげに言った。

鍛金は簡単に言うなら、鍛冶屋だそうだ。金槌を持ち、金床があり、金属を叩いたり、切断したり、あるいは熱してくっつけたりして、望んだ形に変える。玉鋼を叩いて日本刀を作るのも鍛金のうちだ。

「一枚絞りと言って、一枚の銅板を金槌で叩いて、曲げて曲げて曲げて……器ですとか、そういった形を作る技法もやります。ただ、そういった技法だけでなく、うちでは機械加工もやらせてもらえる。旋盤とか、フライス盤とか。こないだも『スピニングの神様』と呼ばれる工場技術者の方が講師に来てくれて、直接習うことができました。あ、スピニングというのは成形加工のひとつの方法で、新幹線の先端とかを作る技術です。僕はもともと機械が好きなんで、この機械加工が面白いなと。受験する前から鍛金に行こうと思ってたんですよね」

旋盤もフライス盤も、工作機械の一つである。

「それを使って、どんな加工を行うんですか？」

「いろいろあって、一口には申し上げにくいのですが、例えば木目金という技法がありまして。これはですね、色合いの違う金属を組み合わせて木目のような模様を作る技法なんです」

「え。金属で、木目を……？」

「そうです。まず違う金属を重ねるんです。主に銅合金なんですけど、中に銀とか金を挟んだりして、パイみたいに。それをガス炉に入れて、八百度くらいまで温度を上げて、一日まるまる焼きます」

中に入れた金属が真っ赤に輝くという。

「そうして焼いたら、金属がアツアツのうちに出してきて、ひとまずプレス機で物凄い圧力をかけて、ある程度まで潰(つぶ)します。それが冷めないうちに、今度は鍛造機っていう機械のでっかいハンマーで、ガッツンガッツン叩いて潰します。これ、もっの凄い音がするんですけれど、もう、ガンガン叩いて潰します」

鍛造機は自動販売機よりも少し小さいくらいの大きさだが、動いている時の迫力は凄(すさ)まじい。ハンマーが動くたびに衝撃が走り、鼓膜がびりびり震える。固定に失敗すれば材料が吹っ飛ぶそうだ。

「金属って叩いていくと、だんだん硬くなって動かなくなってきちゃうんですね。無理に叩き続けると、ひびが入って割れてしまう。なので、焼き鈍(なま)しと言って、バーナーで金属の色が変わるまでブワーッと炙(あぶ)るんです。そうすることでまた軟らかくなって、叩けるようになる。この鈍しと、鍛造機のガツンガツンを何回か繰り返します。最後の方では手で、金槌持って叩きますね。最初に十センチくらいの厚みだった金属の板が、一センチくらいになります」

「金属がそんなに、潰れるんですか……」

「はい、潰します。ここまですると、違う金属同士がくっつくんですね。これをグラインダーや鏨で彫ると、色の違う金属が繋がった縞模様が見えてきます。これをさらにローラーにかけて、薄い板にします。そうすると模様が木目のように見えてくるわけです。これが木目金。三年生の前期で習う技法です」

「…………」

絶句。

「日本独自の技法です。江戸時代に考案されたみたいですね」

飾り箱の蓋や、日本刀の鍔などに使われていたという。機械がない江戸時代だから当然、人力だけで叩いたのだろう。どれだけの労力だったことか。

「凄い情熱を感じますね。金属をそこまでして、加工したとは……」

「独特の技法は多いですよ。煮色着色という作業がありまして、作品を最後に薬品に漬けて表面処理をするんです。手順としては、例えば銅板から作ったお椀を煮色仕上げするとしましょう。まず、付着した手の脂なんかをとるためにお椀を重曹でよく磨いて、それから……大根おろしをかけます」

「大根おろし？」

「大根おろしです。なぜ大根おろしをかけるかは、具体的には先生方もわかってないそうですけど。そうすると、綺麗にできるんですよね。大根の中の何らかの成分が、還元剤の働きをしているんじゃないかと僕は思ってるんですが。とにかく大根おろしのついたお椀を、緑青とか明礬とか薬品の入った寸胴鍋で、半日くらい煮込む」

「何だか料理みたいですね」

「ちなみにその半日の間、ずっとこう、動かします。籠みたいなものの上にお椀を載せて、その籠をずっと上げ下げして。じゃぼじゃぼ。筋肉痛になるくらい」

「そうすると、色がつくわけですか？」

「はい。赤とオレンジの間みたいな色になります。元が銅なんで、最初は新品の十円玉の色なんですが。それが本当に綺麗な、独特な……均質な色に変わるんです。面白いですよ」

にこにこ顔の山田さん。それにしても大根おろしとは。最初にそれを見つけた人は、一体どれだけの数の材料を試したのだろうか。

「鍛金の作業場は、気を抜けない場所です。命取りになる機械しか置いてませんから」

　エアープラズマ溶断機、大型高速カッター、ガスバーナー……。名前だけでも危なそうな機械が勢ぞろいしているという。

「機械の力で金属板が飛んで行ったら、そこにいる人、真っ二つになります。他にも旋盤に巻き込まれたらぐちゃぐちゃになるし、シャーリングも指とか飛んじゃうし、火も扱うし」

　シャーリングマシンは、金属を切る巨大なハサミのような機械だ。

「緊張感がありますね」

「ズボンとかぼろぼろ、穴だらけですよ。グラインダーの火花で。あと、綿の服を着るようにしてます。化学繊維の服だと、火がついた時に一気に燃え広がっちゃいますからね。他にも金槌で自分を叩いてしまうこともありますし。金属の断面は鋭利ですから、切っちゃうことも。生傷は日常茶飯事です。ハンマーだこも」

「絆創膏(ばんそうこう)を持ち歩いてる?」

「そういう人もいます。ま、僕は瞬間接着剤でピッと止めちゃいますけど」

　実に豪快だ。

「金槌なんかは、たくさん種類を持ってるんですか?」

「金槌なら二十本くらい持ってますね」

「二十本も？」

「足りないくらいですよ。多い人は何百本も持ってますから」

「使い分けるだけでも難しそうですね。そんなにいろんな種類、お店にあるんですか？」

「あ、僕らは金槌を買うと言っても、頭の部分だけ買ってきて、自分で仕立て直して使うんです。面をベルトサンダーで綺麗に削って、紙やすりで磨いて、研磨して。木の柄も削って、くっつけるわけです」

「金槌も作るし、新幹線の先っぽも作るとなると、本当に何でもできるんですね……」

「鍛金は『大きいもの〝も〟できる』とよく言うんですけど、そこが魅力ですね。小さいものも、大きいものも、本当に幅が広いんです。好きにやっていいような空気もありまして。あんまり幅が広すぎて、放置されてる機械とかありますからね。誰も教えられる人がいなくて、置きっぱなし」

「工芸の中でも特に幅が広いんですか」

「そうですね。鍛金、正直、何でもできます！　他の研究室でできないものを、相談されることは多いです。うちの設備があれば何でも作れちゃうんですよ。こないだは漆芸の佐野君のために鉄板を切りましたね、シャーリングで」

「何でも屋、なんですね」

「よく彫金の学生も、うちの研究室に来てシャーリングで金属切ってますよ。まとめて大きな板を買って、細かく切って使うんです。その方が経済的なんで」

「技術もそうなんでしょうけれど、そういった設備のあるなしも大きいですね」

「そうなんですよね。だから大学にいるうちにできるだけ勉強しないと。大学でなら、機械も溶接もバーナーも使い放題ですから。一から個人で揃（そろ）えるとなったら、こりゃきついですよ」

　卒業したらどうやって作品を作ろうかなあ、と山田さんは首をひねった。何でもできるという鍛金の世界。あの自由の女神像も、鍛金の技術で作られているそうだ。

「ところで、工芸科も鞴祭（ふいごさい）をやると聞いたんですが」

　山田さんは頷（うなず）いた。

「ありますよ。各専攻でいろいろやってますね。鍛金の鞴祭は楽しいです。例のガス炉でピザと、マグロの頭を焼いて振る舞うんです」

さぞかし美味しく焼けるだろう。

「あと、鍛金は何でかわかんないんですが、毎年ゲストの神様が来るんですよ」

「ゲストの神様？」

「学生がやるんです。おととしは、町野先輩という方が全身を赤い絵の具で塗って。発泡スチロールで作った鼻をつけて。自分で溶接して作った鉄の下駄履いて、防塵マスクをかぶって、ヤツデの葉っぱを股間につけて。『本日はどこそこの山からマチノ坊さまがいらっしゃいました～』と」

「物凄いカオスですね……」

「実は、今回は僕がやらされまして。科のボス的な先輩に『今年お前な』と指名されるんですよ。先輩が鍛造で作った花と、スピニングで作ったコップを持って、裏でとってきた適当なツタを頭に載せて。上は裸で、先輩が日暮里の繊維街で買ってきた布を巻きました。『ギリシャからお越しの、酒と健康の神、ヤバッカス様です～』と

……」

「ヤバッカス？」

「僕、山田じゃないですか。山田とバッカスかけて、ヤバッカスです」

山田さんが苦笑いしながら写真を見せてくれた。正面を向いて佇む山田さんは、思

ったよりも威厳があり、神様っぽかった。

なお、ヤバッカス様がお召しになられた綿百パーセントの布は、その後細かく切って、機械の油汚れなどを拭くウェスとして無駄なく活用されたという。

貴金属の相場は毎日確認

鍛金の次は、彫金だ。

スケールが大きい鍛金とは対照的に、彫金は何かと小さく、細かい方向にいくのだという。

「彫金は細かい人が多いですね……、『ちょっとの傷も許せない』ような性格の人が」

どちらかといえばおおらかそうな印象の岩上満里奈さんは、工芸科彫金専攻の三年生。彫金のインタビュー、私なんかでいいんですか、と少し恥ずかしそうにしながら説明してくれる。

彫金は、主に装飾品や飾り金具を作る技術だそうだ。金属をねじって曲げ、磨いてピアスにしたり、鏨という鋼鉄でできた鉛筆型の器具で金属板に複雑な模様を彫りあげたりする。

「彫金はですね、金とか銀とか、場合によってはプラチナとか、貴金属を使うので材料にお金がかかるんですよね。だから、学生はみんな相場を毎日チェックしてます！安い時に買いだめしておくんですよ」

一つ作品を作るのに、材料費だけで数万円かかってしまうそうだ。

「仕上げで銀をヤスリでこすると、銀の粉が出るじゃないですか。私たち、受け皿を置いてその粉を溜(た)めるんですよ。業者に買い取ってもらえるんです。最初は捨てちゃってたんですけど、先輩に『お金捨ててるんだよ！』と言われて、本当にその通りだと思って」

僅(わず)かな粉でも無駄にはできない。文字通りの金銀財宝。

「彫金をやるようになってから、貴金属のありがたみを感じるようになりましたね。料理屋さんに行っても、食器の素材がわかるんです。このスプーン、本物の銀だ！とか。さすが高級店だって、テンション上がっちゃいます。本物は重みがあるんですよね」

例えばですけど、と言いながら自分の作品をいくつか見せてくれた岩上さん。その目は自信なげに下を向いている。

「まだ素人(しろうと)に毛が生えたようなレベルですから。恥ずかしいです」

「あ、指輪ですね」

大きな白い石がはめ込まれた、銀製の指輪。やや大きめで、僕の親指でもなんなく入る。

「ジュエリー作りの課題がありまして。宝石の専門家の方が講師に来られて、原石の削り方から学ぶんです。これは瑪瑙を使っているんですが、グラインダーという回転するヤスリみたいなもので、原石を削って磨いて丸くしていくんです」

「ヤットコなどで、原石を挟んで？」

「いえ、素手です」

「素手なんですか！」

「最初はもう、怖いですけど。だんだん慣れてきますね」

怖いなんてものじゃない。失敗すれば爪がなくなるという。危険と隣り合わせだ。

「こちらは……クマノミが泳いでますね」

金属製で楕円形のジュエリーケース。大きさは眼鏡ケースより少し大きいくらい。蓋の部分にクマノミとイソギンチャクが描かれている。

「これ、銀製ですか？」

「はい、銀です。まず問屋さんから笹吹き……純銀を買ってくるんです。こういうやつなんですけど」

　見せてくれたそれは直径数ミリ程度の、銀色に輝く細かい粒。ケーキに乗っているアラザンにそっくりだ。昔は、水中の笹の葉の上に溶かした銀をほんの少しずつ垂らし、粒状に凝結させて作ったことから笹吹きと呼ぶ。

「これを溶かして型に入れて、ハイチュウみたいな形にします。それをローラーで伸ばして、板にして。板を丸めて円柱状にしたら叩いて、楕円の形にして、ケースにしていきます」

「このクマノミとイソギンチャクの模様は、どうやってつけるんでしょう」

「これは、切り嵌め（ば）という伝統技法で作りました。色合いの違う金属を切りだして、組み合わせるんです。赤い色が銅で、白いのが銀。黒いところは四分一（しぶいち）。銀が四分の一で、残りが銅の合金です」

「微妙な配合の違いによって、色合いを表現するんですね」

「はい。それぞれの金属を模様の形に作って、パズルみたいに嵌めこむんです。丸い模様なら、板に丸い穴をあけて、そこに同じ形に切った銅の板を嵌めて、銀ロウで接着する。銀ロウというのは、ハンダ付けのようなもので。溶かした金属を接着剤にして、つなげるんですね」

「凄く細かい作業ですね」

イソギンチャクの模様、一本の幅は三ミリ程度だろうか。それくらい細かい部品を嵌めこみ、繋ぎ合わせるのだ。組み合わせた時に隙間ができないよう、切る鋸の厚みまで考えて設計するという。

「最後にヤスリで表面を削って、平面にして。最後に煮色で着色して、完成です」

溶かして。潰して。叩いて。嵌めこんで。

とてもそんな工程を経ているとは思えない、美しい楕円のカーブと、印刷のようにつるりとした表面だった。

「手先の器用さと、根気がいりますね。私、苦手です」

岩上さんは眉を八の字にした。

彫金の達人は日本刀に龍を描くという。胃に穴が空きそうだ。

次は鋳金である。

熱気で睫毛が燃えそう

「彫金はどちらかと言えば一人で机に向かって、地道にやる作業。鋳金は逆に、一人じゃできません。チームワークが必須です」

工芸科鋳金専攻の城山みなみさんは、大きな目をまばたきさせながら、そう言った。鋳金は、型を使って金属を加工する技術である。例えば壺なら壺の鋳型を作り、そこに溶かした金属を注ぎ込む。冷えてから型を取り除くと、金属の壺のできあがりというわけだ。

「教室が砂場になってるんです。土間砂といいまして、川砂から作っているようです」

「床が全部、砂なんですか？　どれくらい深いんですか」

「さあ、どれくらいでしょう。大きな作品もできるくらいなんで、相当深いですよ。底まで掘ったことがないんで、わかりません」

どれくらい深いかもわからない砂場。不思議な作業場だ。「たぶん鋳金が、金工の中では一番失敗が多いと思います」と城山さん。思い通りにいかないことがとても多いそうだ。

「まず原型を作ります。いろいろなやり方があって、これはその一つなんですが……粘土で作りたい形を作って、それをシリコンで置き換えてから、耐火材を混ぜた石膏で型をとります」

「型を作るだけで、粘土、シリコン、石膏……と使うんですか？」

「そうなんです。この型を作るのにとても手間がかかるんですよ。型そのものを電気窯（がま）やレンガ窯で何回も焼いて作ることもありますし。粘土、石膏、シリコン、ワックス……といくつもの素材を利用して作ることもあります。土で型を作る時は、様々な種類の土を何層にも重ねたりします。それから、鉄骨を入れて型を補強したりとか」

　型の材質によって、複雑な手順があるのだ。

「型ができたら、シャベルで砂を掘って砂場の中に埋めます。型の上には穴があけてありまして。そこに、溶かした金属を入れます」

「金属は、そばで溶かしておくんですか」

「そうですね。型にどれくらい金属を入れるかを導き出す計算式があって、それに従った量のインゴットを買ってきて、温めながら叩いて割って……大きな壺の中で溶かします。一千度とかで。この溶かし方にも手順があるんですよ。ゴミが入っちゃいけないので、藁（わら）の灰で蓋をしたり。脱酸のためにリン銅というものを入れたり……」

　お菓子を手作りするために、板チョコを割って溶かすのとは次元が違う。

「溶かした金属を流し込むのを吹きって言うんですけど、この作業が一人じゃできないんですよ。特に男性の協力がいりますね。重い壺を、何人かでせーの、で持ち上げて、よいしょって流し込むんです」

「真っ赤に溶けて、輝いている金属をですよね」

「はい。熱気で睫毛が燃えるかと思うくらいですよ……」

「凄くダイナミックな光景でしょうね」

「吹きは一人ではできないので、みんなでスケジュールを合わせてやります。そのためか、ちょっとイベント的なところもあって。吹きをやる日には、お神酒を供えて……作業が終わったらみんなでお酒を頂きます」

「なるほど、チームワークですね」

「他にも窯立てといって、型を焼くための窯を一から、煉瓦を組み立てて作ることもあります。これもみんなでやります。協力する機会は多いですね」

「窯まで自分たちで作るんですか！」

「鋳金の鞴祭では、自分たちで作った窯でピザを焼きますよ。美味しいです」

工芸科では、何かとピザを焼くようだ。

「これが、城山さんが作った作品ですか」

僕は城山さんのポートフォリオをめくる。そこには、細い棘が無数に生えた巻貝があった。

「はい。その巻貝の型が、これです」

「これは、また……凄いですね」

見せてくれた写真はもはやSFだった。巻貝の型なので、中心に巻貝らしき形はある。しかしそこに無数の色とりどりのパイプが繋がっているのだ。巻貝の棘一本に対し一本のパイプが繋がっていて、それらパイプは互いに合流しながら上へと流れて太いパイプになっていく。動物の血管を思わせる。

「そうか、金属がちゃんと隅まで流れるように、道を作るんですね」

「はい。湯道（ゆみち）です。それから金属からはガスも出るんですよ。そのガスを抜くための道もつけないとなりません」

型自体が、美術作品として成立するんじゃないかと思うほど、複雑な形状だった。

「金属を入れたら……冷えるのを待ちます。半日か一日くらいで固まるので、そうしたら掘り出して、型を割ります。石膏だとハンマーで割り開けますね。土の型ならバリバリ剝（は）がしていく感じで」

当たり前のように言う城山さんだが、ちょっと考えてみるとこれも驚きである。あれだけ苦労して作った型は、この時点でなくなってしまうのだ。

「それから仕上げです」

この仕上げもまた、手間がかかるのだという。

「ちゃんと、端っこに金属が行きわたってなかったり、穴が空いていたり。そういう失敗がだいたいあるんですよ。それから、作った道のところに不要な金属が入ってしまうことも多いし、はみ出してバリもできますから。いらないところを削って、穴を埋めて、足りないところは付け足して……最後に着色をして、ようやく完成、です」

ふう、と城山さんは息を吐く。

型で作ると聞くと、入れて冷やしてそれで終わり、のような気もしてしまう。だが実際には、複雑な作業の連続なのだ。

「ちなみにバリとか取り除いた部分は、とっておきます。また次回、溶かして使うんですよ」

大事な金属は、無駄にはしない。

「しかし、これは大変な作業ですね」

「そうですね、手間がかかります」

「大きな作品を作るとなると、かなり難しいんじゃありませんか？」

「難しいでしょうね。奈良の大仏は鋳金で作られたそうですが、どれだけの手間がかかったのかと思います」

見上げるほどの巨大な大仏を思い、僕も城山さんもため息をついた。

離れたくても、離れられない

藝大生たちの話を聞いて、よくわかった。金属という素材は、つくづく扱いにくい。硬くて重くて何かと手間がかかり、値段は高く、危険も隣り合わせ。何もそこまでしてモノを作らなくてもいいじゃないかと思えてくる。

工芸科のこの執念とも言うべきモノづくりへの想い（おも）は、どこから来るのだろう？

「それが、自分でもわからないんですよね」

鋳金専攻の城山さんは、不思議そうに首を傾（かし）げる。

「作業が押して、何日か泊まりが続くと、すっぴんですし。粉塵が凄いので、手拭い（てぬぐい）が必需品で、目だけ出るように顔に巻いて。いつも長袖（ながそで）に安全靴、軍手を二重につけて、ジーンズにモンペはいての作業です。たまには綺麗にネイルとかやりたいなーって思うこともあります」

「普通の女子大生が羨（うらや）ましくなったり？」

「うーん。普通の学生になりたければなれたんですけど、でも私、結局藝大に来ちゃったんですよね。どういうわけか離れられないんです。美術は、好きかどうかはわからないんですけれど、腐れ縁的な存在ですね……」

腐れ縁。決して肯定的ではない言葉が出てきたことに、ぎょっとした。

彫金専攻の岩上さんも、似たようなことを言う。

「私、もともと藝大に行く気はありませんでした。高校が美術系だったんですけれど、なんというか美術ばっかりやってて、視野が狭いまま将来を決めていいのかなって思ったんですね。環境を変えたくなったんです。でも、他に行きたいところもなくて」

ぽつりぽつり、続ける。

「それで一年間フリーターしたんです。なんだか、美術が嫌いになってたところもあったので。美術と関係ないバイトをして過ごしてました。でも、暇な時に何するかっていうと……雑誌を読んでは、このレイアウト作ったりする人になりたいとか。ジュエリーを見ては、これを作る人になりたいとか……そんなことばかり考えてしまうんですよね。じゃあ、やっぱり美大行くかなって。どうせなら藝大を目指してみようって」

「結局、美術に戻ってきてしまったんですね」

「離れられないんです。何だか、引き戻されたみたいな。人間って、美術から逃れられないものなのかもしれません。正直、彫金も向いているとは思えなくて。夏休み頃は、いじけてたんです。みんなうますぎ、私向いてないって……。課題に追われてたりすると、作るのが嫌になりますよ。でも、課題とか何もなしに家にいても、やることなくて……結局、何か作りたくなるんです」

岩上さんが眉を八の字の形にする。

「これから自分がどうなっていくのか、不安になりますね。もう少し美術、やってみようって今は思ってますけれど……」

「僕も、藝大に入るまでは紆余曲折がありました」

鍛金専攻の山田さんも頷く。

「もともと、うちの両親が美術系の大学に行くことに反対だったんです。東大を目指せ、そういう方針で。ですが受験に何回も失敗してしまって。その間に妹の方が先に合格しちゃったりして、さすがにそろそろやばいぞ、となったところで親も藝大を目指すことを認めてくれたような次第で」

「そうだったんですか」

「でも藝大に入っていなくても、何かしらの形でモノづくりはしていたと思いますよ」

「モノづくりは、山田さんの中ではどんな位置づけなんですか？」

しばし考えてから口を開く山田さん。

「人生そのもの、ですかね」

「それがなくては生きていけないということですか？」

「いえ。他にやりたいこともないっていうか。変な言い方ですけど」

不思議なことに、三人とも燃えるような情熱を持ってモノづくりをしているわけでもないようだ。

なぜだかわからないけれど、この世界に戻ってきてしまう。何をしてもいいと言われても、結局モノを作ってしまう。そんな自分に、彼ら自身も戸惑っているようだった。

何だかふわふわした理由だな、と思っていた僕も、三人から同じ話を聞くと考えが変わってきた。

そういうものなのかもしれない。

やりたいからやるのではなく、まるで体に刻みこまれているように、例えば呼吸することを避けては通れないように、人はモノを作るのかもしれない。

鍛金の自由の女神像、彫金の日本刀の龍、鋳金の大仏……どれも、ちょっと凄すぎる。あれだけの技法を発展させるには、やりたい人がいた、くらいでは足りないのではないか。

つまり美術が面白いからではなく……美術から逃れられない人が常に存在したから、あそこまでの作品が生まれたのではないだろうか？　そんな気がしてくる。

「そういえば、こないだ嬉しいことがあって」

取材の終わる間際に、岩上さんが控えめに笑った。

「私の、父方の祖母の、その父……ひいお祖父さんですね。その人が、彫金の彫り師だったんですよ。これ私、彫金に入ってから知ったんです」

「そうなんですか！」

「まあ……技術は受け継いでいないようなので、それがちょっと残念なんですけど……でも、嬉しかったです」

岩上さんに技術が受け継がれているかどうか、僕にはわからない。だけど美術の世界と体が繋がって離れないところは、確かに血として受け継がれているような気がした。

ひいお祖父さんはひ孫のことを、どこかで優しく見守っているのだろうか。

8．楽器の一部になる

沓名(くつな)大地（器楽科打楽器専攻）
竹内真子（仮名／器楽科ハープ専攻）
安井悠陽(ゆうひ)（器楽科ファゴット専攻）
小坪直央(なお)（器楽科コントラバス専攻）

躍る打楽器奏者

「打楽器専攻をイラっとさせる一言、というものがありまして」

　器楽科打楽器専攻の沓名大地さんは、ぱっちりした目でまばたきし、背負っていた大きなリュックをどすん、と椅子(いす)に下ろした。

「『トライアングルなんて誰が叩いても同じじゃん』。これです」

　確かに、専門に勉強していることを否定されれば腹が立つだろう。それはわかる。だが、ここで僕としては聞かざるを得ない。

「……あの、すみません……違うんですか？」

「違うんですよ」

　沓名さんに、特に気を悪くしたふうもない。そしておもむろに、リュックの中から大き目の筆箱に似た黒いケースを取りだす。開けると、中からは銀色の棒がずらりと十本ほど現れた。それぞれ太さ、長さが微妙に異なっている。

「これ、ビーターと言って、トライアングルを叩く棒です」

「何だか随分たくさんありますね……」

「太い棒、細い棒、長さ、持ち手の形、メーカー……全部、ちょっとずつ音が変わるんです。それだけじゃありません。トライアングルってこう、吊るしますよね。その吊るし方。フックにかけるのか、紐で吊るすのか。紐で吊るすなら、その紐の材質、太さ、長さ……全てが音に影響してくるんです。だから僕は何セットもいつも持ち歩いてます」

「トライアングル一つのために？」

「はい。もちろん叩き方でも変わりますからね。可愛らしい音も出せれば、澄んだ音も出せる。しゃらしゃら星が流れるような音も、ピーンと張り詰めた音も。楽器って奥が深いんです」

「打楽器専攻は一学年だいたい三人なんですが、あちこちで呼ばれて、いろんな楽器をやらされます。だから人が足りないくらいです」

「えっ、いろんな楽器をやるんですか？」

器楽科では、一つの楽器だけを専門にするのが一般的だ。弦楽器専攻でも、管楽器専攻でもそうなのに、打楽器だけは違うのだろうか。

「一応、受験では一つ楽器を選びます。僕はマリンバを選んだので一応、マリンバ専攻ってことになるのかな」

マリンバとは、木琴（シロフォン）に似た打楽器である。やや甲高い音の木琴と比べ、柔らかい音がするのが特徴だ。

「でも、オーケストラに呼ばれれば必要に応じて何でもやります。シンバルや小太鼓（スネアドラム）、大太鼓（バスドラム）、鉄琴（グロッケン）、木琴、トライアングル、ティンパニ、ハンドベル……マリンバ以外のものをたくさんやっているので、こないだは『あ、そういえばマリンバ弾けたね』と言われてしまったくらいで。でも僕、いろんな楽器ができてとても楽しいんです。今後の演奏にも役立ちますし」

「打楽器ってどれくらいの数があるんですか？」

「いくつ、とは言いづらいですね。叩けるものなら何でも打楽器になっちゃうところもあるんです。僕、こないだの本番ではブレーキドラム叩いてました」

「え？　ブレーキのドラム？」

ドラムといっても、楽器ではない。自動車のタイヤに入っている、金属製のお皿のような部品である。叩けばそりゃ音は鳴るだろうけれど、まさかそんなものまで。

「打楽器音楽は比較的新しいんです。そのためか実験音楽的な要素もあって、枠にとらわれずにいろんなものを叩いたりするんです。テーブルミュージックという、机を叩いて演奏する曲もあったりします。一つのジャンルとして存在していて、ちゃんと楽譜もあるんですよ」

「何だか、アイデア次第で何でもありですね」

「そうですそうです。チェロを叩いて音を出す曲とかありますから。あとは、ティンパニという太鼓を、バチではなくマラカスで叩くとか。ティンパニの上にタンバリンを載せて演奏するとか。『ここで打楽器奏者が踊る』って、大真面目に書かれてる楽譜もあります」

なんて自由なんだ。

「曲の最後に、打楽器奏者がティンパニの鼓面を叩き割って、上半身を突っ込むっていう楽譜もありますからね。自由でいいんですけど……変なことは打楽器奏者にやらせとけばいい、みたいなイメージがついちゃうのも、ちょっと困りますねえ」

沓名さんは人のよさそうな笑みを浮かべて、僕を見た。

最初の一音で癖を見抜く

「打楽器って、演奏や練習前の準備が凄くたくさんあるんですよ」

「具体的にはどんな？」

「まず曲が決まったら、楽譜を読んで、どんな楽器が必要かを調べるんです。楽器が足りなかったら誰かに借りるか、買うか、あるいは自作するとかして調達しなくてはなりません」

「そうか……何種類もあるから、持っている楽器だけで演奏できるとは限りませんもんね」

「はい。僕、楽器が好きで、時間が空くとすぐに楽器屋さんに行って何かしら買っちゃうんです。お金はほとんど楽器に使ってますね。いつも金欠ですよ。打楽器専攻で一番楽器を持ってるとは思いますが……それでも足りません」

「打楽器専攻で一番ということは、きっと音校で一番持ってるんでしょうね。どれくらいあるんですか？」

「ええと、シンバル八枚にボンゴ、マリンバ二台、電子ドラム、ドラムセット、トライアングル、バチもいっぱい持ってますし、まだまだあります……今日もこんなに持ってますからね」

沓名さんが開けたリュックの中には、十本もバチが見えた。

「ともあれ楽器を揃えたら、今度はセッティングです。太鼓だけでも十個とか二十個とか、並べますから。それぞれ曲によって適切な高さ、角度というものがあって、ベストの配置を模索します。枠を作って、銅鑼を吊り下げたり……ベルはどこに置いておくか考えたり。これがほとんど工作になっちゃうことも」

ピアノのように、現地に行けば用意されている、というわけにはいかない。

もっとも、事前に会場に用意されている楽器には、それはそれで難しさがあるそうだ。

「私たちは、楽器を持ち運べません」

ピアノ専攻の三重野奈緒さんが言う。

自分のピアノを持ち込めない以上、置かれているものを使うしかない。しかしピアノとは一台一台、微妙に質が違うものだという。

「コンサートであればリハーサルで調整しますが、コンクールではリハーサルはありません。最初の一音でピアノの癖を見抜いて、それに合わせて演奏を変えなくてはならないんです。ホールによっても違ってきます。よく響くホールでは、ペダルの踏み方をちょっと抑えたり」

「そんなことができるものですか？」

「上手い人は、そうしてます。私はまだ、一分ほど演奏しないと癖が見抜けませんが……」

打楽器専攻の沓名さんも、やはり音を鳴らしながらの調整を行う。

「楽器の配置が終わったら、次に鳴らしてみます。ここからさらに試行錯誤が始まります。曲のイメージに合わせて、もう少し澄んだ音が欲しいとか、もう少し厚みが欲しいとか、理想の音に近づけるために、何でもします。ここではこのバチを使って、ここでは別のバチ、というように持ち替えたり。楽器を吊り下げる高さを変えたり……違うメーカーの楽器に変えてみたり……」

それらが完璧に終わって、ようやく練習が開始できるそうだ。

理想の音

沓名さんが入念に行う、理想の音を探す作業。これは他の楽器でも同様だという。

「ハープって優雅で、何だか女性の楽器みたいなイメージありますけど。実際は、断然男性向きの楽器なんですよ」

ハープ専攻の竹内真子さんが、おっとりとした声で話す。

「ヨーロッパのハーピストはゴリゴリマッチョな男性も多いですから。ハープは大きくて重いんです。全長だいたい二メートル、重さは四十キロくらい。楽器の作りも複雑なんです。ハープの演奏って手が目立ちますけど、実際には足も凄く使うんですよ。足下に七つのペダルがあって、これでシャープ、フラット、ナチュラルの三段階に音を上げ下げするんです」

「つまり二十一通りを、たった二本の足で操作する……」

「はい。ペダルのタイミングがずれると雑音が出ちゃうので、微妙な調整が必要になるんです。この足さばきは、極めていくときりがないです。もちろん指も。凄い人の音って、本当に全然違うんです。え、ハープってこんな音出せるの？って思うほど」

わずかな指の使い方、タッチ、生まれ持った指の質などで、驚くほど音が変わるという。

「ピアノやヴァイオリンみたいな音、ギターみたいな音……上手い人がやると、いろいろ出せるんです。表現の幅は無限です」

「僕は、その違いに気付ける自信がないんですが……」

「最初は、そうかもしれません」と、竹内さん。

「ずっと前に、世界的に有名なピアニストが地元の金沢に来て、演奏会を開いたことがあるんです。私も、両親と一緒に聴きに行って。終わった後に、両親が『やっぱり違うね』とか『ここの表現が凄かった』とか話してるんですよ。でも……私、どこがいいのか、両親が何を言ってるのか、全然わからなくて。あの時は悔しくて、泣いちゃいました」

藝大生でも最初はわからないのか。

「でも、ふと、理想の音にハッと気づいたりするんです。最初は偶然鳴って見つけることもありますし、あるいは他人の演奏を聴いて、こんな音を出したいって思ったりすることもあります。藝大は周りのレベルが高いので、仲間からも刺激を受けますね。先輩が凄く綺麗な音を出してる、私も、というように。見つけた音を耳で覚えて、確実に出せるように何度も練習して……音を自分のものにしていくんです。そうすることで、この曲のこの部分では、こんなイメージの音で弾きたいとか、そういったことが実現できるようになるんです。音は突き詰めるほど、どんどん美しくなっていくんだと思います。私はまだまだですが……」

「それは、終わりのない作業になりそうですね」

「そうなんです。もっと美しい音が出せると思うと、きりがありません。このへんでいいや、と自分に負けそうになってしまうこともあるんですが……でもそんな時に限って、びっくりするくらい綺麗な音を聴いたりしてしまうんですよね。そうして、また夢中になって楽器に向かいます。まるでハープに教えられて、育てられているようですよ」

「バチ一つでも、ぽーん、どーん、ほーんくらいは音が変わるんですよ」

そう言いながら打楽器専攻の沓名さんが、たくさんのバチを掲げて見せてくれた。このバチは、正確にはマレットというそうだ。

「だから複数持ち歩くんです。全部先端の糸の巻き方が違うんですよ。ほら、見てください。これはフランス製のバチなんですけれど……」

「これは、どうなっているんですか？」

長い木の棒の先に、毛糸のような糸が丸く巻きつけられている。それだけなのだが……巻き方がどうなっているのかさっぱりわからないのだ。幾何学模様のようで、複雑怪奇。見ていると眩暈(めまい)がする。

「僕にもわかりません。日本人で解明できている人は誰もいないんです。ですからこのバチが壊れたら、フランスに送って直してもらうしかないんです……。けっこうお値段張ります」

「でも、そのバチが必要なんですね」

「はい。こだわり抜いた音は、やはり人を感動させるんです！」

　沓名さんが、ぐいと身を乗り出した。

「先生の演奏を聴いていると、本当に、涙が出てくるほど感動するんですよ。打楽器だけの演奏で、ですよ？　どこまで音を突き詰めるか、どこで妥協してしまうのか……自分との戦いで、人生に通じるところがあります」

　バチを見つめる沓名さんの瞳には、ただならぬ迫力が感じられた。

「僕は、コンサートの時はガムテープを持参してます」

「ガムテープ……？　何に使うんですか」

「これも先生に教えてもらった、ちょっとした小技なんですけれど。ガムテープを小さく切って、タバコみたいに丸めるんです。それを太鼓の上に載せる。これで余韻の長さ、ハーモニクス（倍音）の具合を微調整できるんですよ。実際に会場に着いた時に、もう少し響かせたい時とか、こうして最後の調節をします。迫力が全然違ってきますよ」

この技を沓名さんは「タバコミュート」と呼んでいる。ガムテープのかけらと言っていい、ほんのわずかな調整。たくさんの楽器があるなかで、何人の観客が太鼓の音の違いに気づくかさえわからない。だが、演奏者は決して手を抜かないのだ。

楽器別人間図鑑

理想の音を出すためとはいえ、これだけ楽器と向かい合う生活をしていると、やがて人間のほうも楽器の影響を受けて来るのではないだろうか？

「なんか、ピアノっぽいとか、ヴァイオリンっぽいとかは、あるね」

楽理科卒業生の柳澤さんが言っていた。

「オーケストラとか見てると、傾向があると思う。例えばホルンの人ってね、何かぼーっとしてるの」

「ぼーっとしてる？」

「ホルンって、ほわんとした音でしょう。あんな感じで、話を聞いてるのか聞いてないのかわかんなくて、でもどうやら聞いてる、みたいな……。マイペースで、受け答えも何だか曖昧(あいまい)だったり。あ、逆にトランペットの人は、はきはきしてる。『はいはーい！』って、もうガンガン前に出て、手を挙げている感じ。なんか音色に似てるのかな？　金管楽器は、上下関係も厳しいらしいよ。体育会系の部活みたいな雰囲気なんだって」

「どうでしょう、確かにのんびりしたホルンの人もいますが……人によると思います」

ホルン専攻の鎌田(かまだ)渓志(けいし)さんは苦笑しつつ、首をひねる。

「でも、上吹き(うえふ)っぽい人と下吹き(したふ)っぽい人、というのはありますよ」

「？」

「ホルンの音域ごとのパート分けなんです。オーケストラでホルンが四人いたら、二人は高音、上吹きで二人は低音、下吹き。上吹きはどちらかと言えば目立つほうで、下吹きはサポート。上吹きは気合いとかパワーが重要で、下吹きはコントロールが重要になってきます。向き不向きというか、性格の差がでますね」

ちなみに鎌田さんは、上吹き傾向だそう。

「ファゴットにはいろんな奴(やつ)がいますね。一概には言えないかも」

ファゴット専攻の安井悠陽さんと居酒屋に向かう途中、呼び込みが何人も声をかけてきた。大柄な安井さんはこちらを振り向き、にやっと笑って言った。

「そういえば、呼び込みを絶対撃退するワザをこないだ見つけたんですよ」

「どんな方法ですか？」

「でたらめでいいんで、中国語っぽい言葉で元気よく会話するんです。呼び込み、絶対声かけてきませんよ。むしろUターンして戻っていくくらいですから」

わっはっは、と大口を開けて笑う安井さん。

お酒を酌み交わしながらファゴットはどんな楽器ですかと聞いてみると、こんな答えが。

「ひょうきんで、ちょっとおどけた音の出る楽しい楽器です！」

何だか似ている気がする……。

「楽器による個性ですか、そういうの、あると思いますよ！　ヴァイオリンの人はみんな、気が強いと思います。なんかこう、芯があるというか。それからピアノの人は、練習の鬼」

こう分析するのは、ハープ専攻の竹内真子さんだ。

「ハープはどうでしょう？」

「ハープはそうですね、案外男っぽくてサバサバしてる人が多いです。性根がすわってるというか。やっぱり重い楽器を自分で運ぶからかな。オーケストラの授業が終わった時なんかも、ヴァイオリンの人はさっさと楽器を片付けて帰っちゃいますけど、私たちは腕まくりして『よし、いっちょ運ぶか』みたいな」

ハープ奏者が楽器を運んでいたら、ドアを開けて押さえておいてあげると、大変好感度が上がるそうである。

「コ、コ、コンバスは、変人ぞろいですかね……」

コントラバス専攻の小坪直央さんは、さらさらの黒髪を揺らし、ぼそりと言う。

「つかみどころがない人が多いです。そもそもコンバスなんて楽器を選んでいる時点で、みんなちょっと変なんですよ」

くすくす笑う。

「小坪さんはどうして、コントラバスを選んだんですか？」

「低音が好きなんです。もともとユーフォニアムという楽器をやっていたんですが、もっと低い音がよくて、チューバをやるようになりました。そこからさらにコントラバスへの憧れがあり、中学二年生から始めたんです」

「低音の……どんなところがいいんですかね」

「……低いところ、かな……？」

僕の質問も下手なのだが、確かにつかみどころがないかもしれない。

「下に響いて……オケを支えていて。ソロも弾けるし。奥が深いです。そして、やっぱり低くて。それがいいです」


「オルガンは、真面目で静かな感じの人が多いかもしれません」

オルガン専攻の本田ひまわりさんが、ゆっくり考えながら答えてくれる。

「オルガン専攻の学生って、ミッションスクール出身の人が多いんですよ。ミッションスクールでは讃美歌を歌いますから、そこでオルガンと出会うんです」

「確かに、キリスト教系の学校でもないと、なかなか触れる機会がありませんね」

「はい。そういうところってだいたい女子校なんですね。そのせいか恋愛に抵抗があるような人が多いです。恋愛よりも練習に時間を使いたい、とか」

本田さんはそう言って、上品な仕草でカップを口元に運んだ。

最終兵器「響声破笛丸」

常に楽器とともにある生活では、必需品も様々だ。

「太鼓のバチはこうして、指の間に挟んだりもするので。皮が剝けたり、マメができちゃうんですよ。なので、応急処置としてテーピングしてます」

打楽器専攻の沓名さんが、太くて大きな指を差し出した。

「ハープをずっと弾いていると、爪のキワが食い込んだりするんです。でも、安い絆創膏だと、ねばねばしたものが弦についちゃうんですよ。だから私は、『ケアリーヴ』っていうちょっと高い、布素材みたいな絆創膏を使ってます」

そう言って、手をひっくり返して見せてくれたのは、ハープ専攻の竹内さん。

「リップクリームが必需品です。コンビニにあるようなリップクリームは予防にしかなりません。僕はいつも薬用のリップクリームを常備しています」

ホルン専攻の鎌田さんが、唇を指し示す。

「僕ら、口で音を出すんですよ。こんなふうに」

鎌田さんの真一文字に結んだ唇が震えて、ブーと音が出た。基本的には口だけで音を出し、ホルンはそれを増幅したり調整したりするために使うのだそうだ。

「だから口が荒れると大変なんです。冬場は特に辛(つら)いですね。口内炎ができてしまうとかなりきついです……涙目で吹くことになりますよ。予防のため、意識的にビタミンを取るようにしていますね。口の怪我(けが)は、アスリートでいう捻挫(ねんざ)のようなものかと」

〝商売道具〟だから、日頃のケアが重要なのだ。

「僕は毎朝、藝大に行く電車の中で指の準備運動をしてます。こう、指をつまんで伸ばして。ストレッチするんです。はたから見ると、喧嘩(けんか)に向かう前の不良みたいに見えるかもしれませんが……こうすると、指の回りが全然違います」

ファゴット専攻の安井さんが笑う。ファゴットは指で押さえるキーが二十八個から三十個ある。指が動かないとどうしようもない。準備体操をしておいて、すぐに練習に取り掛かれるようにしているのだ。

「あと、ファゴットではリードを作りますから、そういう意味でも手先は器用だといいですね」

リードとは管楽器で使う、振動する薄片だ。これを楽器に取り付けて、震わせて音を出す。

「僕たちは葦、薄い板みたいな形状になっているものですが、これを買ってきて、自分で作るんです。そのほうが安いですし、自分なりにカスタマイズできますから。ヤスリで削って、ナイフで切って。けっこう難しいんですよ。いいリードができると、大事に取っておいて、ここぞという時に使ったりして。作るのがうまいやつは売って儲けてたりしますよ」

声楽科の井口理さんは、のどあめが必需品だという。

「僕らは体が楽器なんで。喉のケアは大事ですね。声楽科ではプロポリス、ボイスケア、龍角散の三派に分かれてますよ。あと、本当に調子が悪い時はのどあめじゃダメなんです。何を使うかっていうと、これです。響声破笛丸。漢方薬なんですがこれはききますね。最終兵器です。本番前に飲んだりする人もいます」

楽器とともに生きるだけで、随分いろいろな常識が変化するものらしい。

「音校の人って、いつもハイヒールだし、お洒落ですよね」

ある学生に何気なくそう言ったら、こんな言葉が返ってきた。

「ああ、それはお洒落だけでなく、できるだけ履くように先生から言われている学科なのかもしれません」

「え？　どうしてですか」

「本番ではドレスにハイヒールで演奏するわけです。だから、普段からそれに体を慣らしておいたほうがいいんですね」

彼らの日常は全て、本番に向けた練習なのかもしれない。トライアングルを鳴らす時、履いていく靴を選ぶ時、人知れず精神を研ぎ澄ませている。

そんな人を、音楽家というようだ。

9．人生が作品になる

立花清美（絵画科油画専攻）
井口理（声楽科）

仮面ヒーロー「ブラジャー・ウーマン」

ブラジャーを仮面のように顔につけ、唇と爪は赤く彩られ、上半身はトップレス。乳首の部分だけ赤いハートマークで隠し、下半身は黒いタイツで、その上にピンクのパンツをはいている——藝大の構内を歩いていると、そんな人に出くわすという。

「知ってる？」

「あ、ブラジャー・ウーマンさんでしょ？　知ってる知ってる！」

妻が嬉しそうに教えてくれた。

「学校から帰る時とか、時々立ってるんだよ、芝生の上に。で、手を振ってくれるの。踊ってくれたり。もうみんなキャーキャー言ってるよ。こないだ、一緒に写真も撮ってもらった！」

「アイドルみたいな扱いなんだ」

「うん。人気者。凄いスタイルいいんだよ！」

藝大の中であればそれくらいのことは起こり得るのだ。

外だったら、職務質問はまちがいない。

「ブラジャー・ウーマンは、正義のヒーローなんです。悪の組織、ランジェリー軍団と日々戦っています」

絵画科油画専攻三年生の立花清美さんは、整った眉を上げ、グロスで艶やかに光る唇を動かしてそう言った。全身、上から下まで意識して、完璧にコーディネートしているのが伝わってくる。綺麗だ。立花さんが撒き散らしている美は、カメラの前に出る女優のそれを思わせる。

設定上、彼女は「ブラジャー・ウーマンのマネージャー」であり、ブラジャー・ウーマン本人は立花さんが作った漫画の中に存在することになっている。

「これがブラジャー・ウーマンの元になった漫画です。高校の卒業制作で作ったんですよ」

立花さんが取りだした何枚かの紙には、アメリカンコミック風にブラジャー・ウーマンのストーリーが描かれていた。

〈高校生のアイとキヨミは友人同士。しかしある日、二人は美術館の中で悪の女性組織、ランジェリー軍団に拉致（らち）されてしまう。キヨミはそこで改造手術を受け、仮面ヒーロー「ブラジャー・ウーマン」に改造されてしまった。その時、廊下の外から研究員たちの声が聞こえてくる。

「Tは失敗だ。実験に耐えられなかったようだ……」

キヨミは、友人のアイも改造手術を受け、結果死んでしまったらしいことを察する。ランジェリー軍団への怒りに燃え、キヨミはブラジャー・ウーマンに変身して牢屋（ろうや）から脱出。それ以来、ランジェリー軍団と戦い続けている。

しかしそこに現れるのが、ブラジャー・ウーマンの最大のライバル、Tバック・ウーマンだ。豊満な胸を持つブラジャー・ウーマンに対し、Tバック・ウーマンは胸は小さいが美しいお尻（しり）を持つ。実力は互角だ。二人は激しい戦いを繰り広げるが、実はTバック・ウーマンの正体こそが、友人のアイなのだった……〉

読み終えて目が点になる。

「バカ真面目って言うんですかね、真面目にバカをやろうと思ったんですよ」

「凄くバカ真面目ですね……」

「はい」

微笑(ほほえ)んではいるが、立花さんに照れたり冗談めかしたりする様子はない。

「実際にブラジャー・ウーマンの格好をするのも、その一環なんですか?」

「そうですね。私、アメコミが好きなんですけれど、『デッドプール』というキャラクターがいまして。彼は自分が二次元のキャラクターだと理解している、そういう設定なんです。だから時々、漫画の中から読者に話しかけたりしてくるんですよ。三次元と二次元を行き来できる、そんなところをオマージュしてブラジャー・ウーマンをやってます」

漫画の中のブラジャー・ウーマンは、休暇が取れると三次元の世界に遊びに来る。藝大で出くわすのは、ブラジャー・ウーマンがお休みの時なのだ。

ブスは人を不愉快にする

僕は率直に聞いてみた。

「でも、恥ずかしくないんですか。半裸をさらすわけですよね。どうしても卑猥(ひわい)な視線にさらされるじゃないですか」

「ううん……そもそも本当に美しいものって、脱いでもエロくないはずなんです。いえ、脱げば脱ぐほど美しいはずです」

「では、ブラジャー・ウーマンは……」

「まだ、完璧ではないですね。女の子には『かっこいい』『きれい』と言ってくれる人が増えてきましたけど、いまだに男の子はちょっとエッチな目で見ますから。これを打破して、完璧な美にならなくてはなりません」

「完璧な美を？」

「はい。私、小さい頃、不細工だと言われ続けてたんですよ。でも、それで思ったんです。ブスは人を不愉快にするんです。みんなに悪いことをしているわけです。だから私、綺麗になろうって決めました。常に他人への意識を切らさない、他人を不快にさせない、他人に無償の愛を与えられる人になろうと決めたんです」

「ただ作品を三次元で演じるだけでなく、美を振り撒きたいんですね」

「そうです。そもそも、芸術って美しいものを作ることじゃないですか。美しいものを作る人が美しくなかったら、それって説得力ないと思うんです」

　芯を感じさせる声だ。

「だから手は抜きませんよ。ちゃんと体は鍛えてます。醜い体をさらすなんて罪ですから。そもそも、女性はやろうとすれば美しくなれますからね。努力しないのは怠慢だと思うんです。腰のくびれを作るためにアバラを抜く女性だっています。私もそうありたいんです」

「………」

「時々、犯罪一歩手前だなあって思ったりしますよ。いつも意識しているせいで、外で綺麗な女性がいたらまじまじと見ちゃうんですよね。痴漢みたいに」

立花さんは苦笑する。

「見るだけならいいんじゃないですか？」

「そうですけど。あと、お尻が気になっちゃいます」

「お尻？」

「エスカレーターとかで、前に女性が乗っていて。目の前に綺麗なお尻があるとするじゃないですか。すると、触りたくなるんですよ。どんな弾力なのか確かめたくて」

それはまずい。

「上りのエスカレーターなんか大変です。上にあるじゃないですか。綺麗なお尻が、上に。それを見上げる。神々しいんです。まるで天から降りてくるような、信仰の対象のような感じで、もう思わず手が伸びそうに……」

立花さんは両手を掲げてみせた。

実際に痴漢で捕まっている人の中にも、美を探求している方がいらっしゃるのだろうか。

ちんちんはいつか生えてくるもの？

「最初は他人の作品で心を動かされたんです」

初めて買って読んだ本は、『星の王子さま』だったという。最後まで読んで、涙が出た。しかし、涙の理由をうまく他人に伝えることはできなかったそうだ。

「その時、自分を守る方法を教えてもらったように思ったんです。ああ、こうやって戦っていけるんだと。こんなふうに何か、言葉にできないものを伝える作品を作りたいと思って、絵を描きはじめました」

「戦っていける」という言葉が、僕の中に残った。一体、何と戦っているのだろう。

「今テーマにしているのは、『性』なんです。小さいころから、恐怖を感じると自慰行為が止まらなくなるんですよ。どうして恐怖と性が結びつくのか、不思議でした」

「その、何だかわからないものを作品で表現するのですね」

「はい。あと、何だかわからないものは他にもあるんです。私、昔から女の子が好きなんですよ」

「性同一性障害ということですか？」

「病名をつけたら、そうなるのかもしれません。幼稚園くらいからずっと女の子が好きで、性器に触りたいって思ってました。いつかちんちんが生えて男の子になれると信じていたんですが……」

「生えなかったんですね」

立花さんが頷く。

「小学四年生くらいで、ああ、生えてこないんだと気づきました。でも、これはこれでいいかなって。女の子と一緒にお風呂入れますからね。あ、今はバイセクシャルで、彼氏もいますよ……。でもそのせいか、自分の右斜め後ろに影が見えるんです」

「影？」

「男性の影です。立体的で。ずっとついてくるんですよ」

僕は立花さんの背後に目をこらしてみる。居酒屋の壁があるだけだ。

「私の男性的な部分の投影なのかもしれません。女性とセックスする時は、影が私の体に乗り移ってきて、するんですよ。その時は私がいなくなっちゃうんです」

立花さんの説明は終始淡々としていた。「これは誰に話してもわかってもらえないことだけれど」という自覚が伝わってくる。

「あと私、共感覚もあるんです」

「数字に色がついて見えたりする、あれですか？」

「はい。本を読んでいると色が見えるんです」

立花さんは特殊な感覚をたくさん持っているのだ。理解が追いつかず、僕は困惑してしまう。きっと、誰に話してもそうだったのだろう。だからこそ立花さんは戦っている。絵に何かをぶつけることで。

「……私、自分のことがよくわからないんですよね……」

誰よりも困惑しているのは、立花さん自身なのだ。

人生と作品は血管で繋がっている

よくわからない自分を表現するには、まず自分と向き合わなくてはならない。自分の好きなところも嫌いなところも見つめ、それを描く。自分をさらけ出す。ブラジャー・ウーマンとして鍛えた体をさらけ出しているのは、立花さんの作品への取り組み方と無関係ではないように思えた。

不細工と言われても、周りと恋愛対象や感覚が違っても、立花さんはそれを美への探求や制作のエネルギーに変換することで生きてきた。その前向きな生き方の延長線上で、藝大で絵を描いているのだろう。

そのせいか、立花さんの絵には人をぞっとさせるほどの熱量が宿っている気がする。描かれている人物の目が、こちらを探っているようにすら思えるのだ。

「自分の人生と作品って、繋がっているんです。血管で繋がっているみたいに」

立花さんが例として「ドローイング」という作業を挙げた。

ドローイングとは素描、線画。油絵がペインティングだとするなら、ドローイングは絵の具を塗る前の下書きになる。僕は、簡単に線が引かれた下絵を想像した。

「これが、こないだ授業で行ったドローイングです」

立花さんが見せてくれたのは、下絵どころではなかった。いや、そもそも絵ではない。それは無数の写真だった。壁に何枚も紙が貼られている写真。紙には文字がびっしり書かれている。それからウェディングドレスで使うようなヴェールの写真。ヴェールをつけた立花さんと、他の学生が向かい合っている写真。高さを変えて、同じように向かいあっている写真。そのヴェールを少しだけめくろうとしている写真。

「ドローイングは、実際は作品のバックグラウンド作りですね」

「これは、どんなバックグラウンドを作っているんですか？」

「私は他者に対して壁を感じることがあるんですけれど、それを和らげてくれるものがあるって気づいたんです。例えば、敬語とか。敬語があれば初対面の人でも壁を感じずに話せるじゃないですか。他にも、顔を隠す仮面とか。ヴェールとか。そういったものを身に着けると、物おじせずにいられますよね。これをテーマに決めたんです。そこで、こうやって実際にヴェールをつけて向かい合ってみたんですよ」

「この、壁に貼られた紙は……」

「これが伊勢丹でバイトした時の敬語マニュアルです。こっちは、私の日記です。こういったものを全部並べて、テーマの要素を整理するんです。場合によってはディスカッションしたり、取材したりもしますよ」

　一枚の絵を描くのに、そこまでするなんて。

「凄く作品の背景を練り込むんですね。見る側にそこまで伝わるのでしょうか……」

「そうですね……ちょっと前までは、作品制作はマスターベーションだと思ってたんですね。ただ自分が気持ちよくなるだけの作業、自己完結しているものだって。でも、最近は少し意識が変わってきました。難しい話は置いておいて、パッと見て思ったことが正解でいいと思うようになったんです。ゴッホの絵だって、彼が耳を切り落としてしまったとかそんなこと知らなくても……『あ、ひまわり、黄色い！』でいい」

　見る側のことまで考える余裕がないくらい、立花さんは必死に描き続けてきたのかもしれない。

徹底的に自分を掘り下げようとする衝動の根っこには、立花さん自身が自分を知りたいという思いがあるのだろう。その結果、作品が生まれる。もっと言えば、自分の知らない自分を、自分の中から取り出しているのかもしれない。

「絵って、まるで鏡みたいだって思います」

立花さんがしみじみと言う。

「見たくない内面も含めて、自分が全部現れるんですよ。気持ちでひるんだらタッチに出ますし、一度絵の具を乗せたら戻れないから勇気もいります。自分と向き合わなくちゃならないんです。戦わなきゃならないんです」

立花さんが戦っているのは、自分自身なのだ。

「このドローイングで作る作品も、今から怖いですよ」

「ヴェールをテーマにした絵ですよね。どんな絵になるんですか？」

「油絵で人の顔を描いて、その上に刺繡(ししゅう)でヴェールを載せようと思ってます」

「え、針を入れる、ということですか？」

「はい……」

立花さんは、少し怯(おび)えたように震えた。

「入れてどうなるのか、入れてみるまでわかりません。『なんでこんなことやってしまったんだー！』ってなるかもしれませんし……うまくいくかもしれない。怖い博打ですね」

真面目な油画、チャラい声楽

「油画専攻は、一学年五十五人ですよね。どんな雰囲気なんでしょう？」

「そうですね。いろんな人がいますけど、みんないい意味で干渉しすぎないんですよ。マイペースで。だから共存できてるんだと思います。大人の幼稚園、というか」

立花さんの言葉に、自分をよく観察している人特有の謙虚さがにじむ。

「大人の幼稚園？」

「みんな好き勝手してるんですけど、ちゃんとルールは守ってるんです」

改めて考えると凄い大学だ。

「特に油画は自由ですね。藝大で一番自由だって、みんなに言われます」

絵画科油画専攻の大きな特徴の一つとして、油絵を描かなくてもいいという点がある。嘘みたいだが本当だ。油画専攻の展示などを見に行くと、油絵以外の展示物があまりに多くて驚いてしまう。

「基本、放任なんです。もちろん油絵も描きますけれど、彫刻をやってもいいし、映像をやってもいいし……何をやってもOKなんです」

油画専攻の守備範囲は広い。授業では油絵の技法にとどまらず、壁画や版画、果ては現代アートや写真、彫刻にまで触れることができる。

そうして一、二年で様々な表現方法に触れ、三年からは専門課程となり、自由に自分だけの世界を作り上げていくのだ。

「でも自由とはいえ、みんな深掘りはしますね。自分のテーマに沿って、徹底的に追求します。例えばラピスラズリに拘(こだわ)っている人がいまして、その人はラピスラズリを削って、練って、ゼロから絵の具を作ってます」

何をやってもOKということは、やりたいことがなければ途方に暮れてしまうということ。やりたいことがあり、それをせずにはいられない……そんな人たちばかりなのだろう。

「あと、シャイな人が多いです。不器用だったりもします」

「それは恋愛とかでも？」

「ピュアですね。『愛するって何だろう』とか考えながら付き合ってますね」

重い。

「軽んじてないんですよ。しっかり愛と向き合います。性って何だろう、男女って何だろうって。そして、作品制作にも活かしていったり」

なんて真面目なんだ。まるで昭和の文学青年だ。

僕は瞬間的に、別の学科を思い出していた。

声楽科。

学生が口をそろえて「藝大で一番チャラい」という学科である。

恋愛の練習

「あの、声楽科がチャラいって本当なんでしょうか？」

僕は開口一番聞いた。

声楽科三年生の井口理さんは、子供のように笑った。

「そうですね、人との距離感は近いかもしれません」

井口さんは口ひげを少しだけ伸ばし、チェックのシャツを着ている。爽やかで、人を警戒させない程度に隙があり、垂れ目の笑顔は人懐っこい。ラテン系の俳優を思わせる。

「例えば声楽実習という授業があるんですが。これってオペラの稽古なんですよ。課題曲が与えられて、ペアを組むんです。で、オペラってたいてい男女の恋愛の物語なんで、ペアも男女で組みます。それで一緒に稽古をします」

「そうか。実際に愛の台詞（せりふ）を、歌で交わすんですね」

「はい。感情たっぷり込めて」

「仕草とか、そういう演技も……？」

「はい。体が触れ合うことも多いですよ。それが練習ですから」

「あの……それって、恋愛の練習をしているようなものですね」

「そうなんですよねえ」

　レッスンならまだしも、自主練だったらどうなるだろう。男女が密室に閉じこもり、愛の歌を共に歌う。努力し、励まし合い、時にはぶつかり合ったりしながら共通の目標に向かって進んでいく。そこには特別な絆（きずな）が生じるはずだ。何が起きても不思議ではない。

「最近は減ってきましたけど、教授と学生のスキャンダルなんかも、他の科よりも多いんじゃないかなあ」

「そんなことがあるんですか？」

「やっぱり、体が楽器ですからね。いろんな技術がありまして。人の体の中って、空間が開いている場所がいくつかあるんです。お腹とか、鼻とか、頭蓋骨とか、胸とか……そこを震わせて、共振させるようにして歌うんですね。でも、そういった技術を指導するには実際に体に触れることも多いわけで。まあ、恋愛には発展しやすいですよね」

うんうんと頷く井口さん。

なるほど。人との距離感が近いのだ、物理的に。

美術よりも音楽の方が人と近い。そこまでは僕も感じていた。しかし音楽の中でも、声楽だけは楽器を持たない。何ら介在させずに、生身一つで他者と相対しなくてはならないのだ。

毎週のように誰かを口説く

「僕ら、知らない人に声をかけるのとか苦じゃないですよ。基本、人が好きですし」

とても聞き取りやすい低い声で、井口さんは続ける。

「稽古の時って、ピアノ専攻の人に伴奏をしてもらうことが多いんです。で、それは自分でお願いしにいくんですよ。だからみんな、入学直後から可愛い子に目をつけて。ペアになって練習してもらえないかって話しかけます」

「ペアになったら、ずっとその人に伴奏をしてもらうんですか？」

「基本的に、一年間はペアですね。互いの練習の日が合わないとダメなんで、『この日、空いてない？』って聞くわけですよ」

「それって、ほとんどナンパじゃないですか」

「はい、ナンパにも応用できるでしょうね。ほんと、対人能力が高い人は多いですよ。それを活かして居酒屋やキャバクラでバイトしてる子もいます」

「それで、恋愛上手になっていくわけですね……」

「はい。伴奏の人と恋愛関係になる人もいますし。もちろん声楽科の中で付き合う人も多いです。別れたり三角関係になったり、恋愛のごたごたは多いですねー」

　これは複雑になりそうだ。

　オペラのペアも、付き合っている者同士でなるとは限らない。互いに別々の異性とペアになって練習することになれば、穏やかではいられない日もあるだろう。

「男女で遊んだりとかも、多いんですか？」

「そうですね。僕は寮に住んでるんですけど、よく行き来してますね」

「あれ？　寮って男子と女子に分かれてませんか？」

「分かれてますし、行き来できないよう監視カメラやカードキーまで設置されてます」

井口さんの顔が、きりっとする。

「でも、死角を縫って何とか入るんですよ。彼女と過ごしたり、みんなで鍋パーティーやったりしますね。見つかると教授にまで呼び出しがかかって、反省文書かされるんですけどね……」

反省の色は微塵もなかった。

「それは、チャラいと言われても仕方ないですね」

「そうですねえ。実際、毎週のように誰か口説いてる奴とかもいますから。野獣って呼ばれてますよ」

だが、不思議と僕は井口さんに軽薄な印象を感じなかった。むしろ、どこか不思議な自信がにじみ出ているように見えるのだ。

体が楽器

「でも、よく遊ぶ時間が捻出できますよね」

音校の学生には、練習とバイトで一日が終わるという人も多い。ピアノ専攻の三重野奈緒さんは、自主練は毎日、休日の練習時間は九時間と言っていた。

「僕らは体が楽器ですから。人にもよりますが、自主練は二時間くらいで限界なんです。喉を消耗してしまうんですよ。痛めるわけにいかないんで、早めに休みます。実は声って、成熟してくるのは三十歳から四十歳くらいと言われているんです。僕らの喉はまだ成長段階で、無理をしてはいけないんです」

ピアノなら酷使できても、喉は無理なのだ。

「じゃあ、残りの時間は？」

「遊びに使ったり。他には体を鍛えてます。ジムに行ったり。体幹を鍛えないといい音が出ないんです。肉体は大事ですね。プロでは、ステロイド注射してる人なんかもいますからね」

まるでアスリートである。実際、井口さんの体格は立派だ。長身で、逆三角形に引き締まっている。

「あとはやっぱり勉強ですね。学ぶのは主に語学です。言葉を知らないと、歌えませんから」

「あ、なるほど。何か国語くらい勉強するんですか？　オペラだとやっぱりイタリア語？」

「イタリア語、フランス語、ドイツ語、ロシア語、英語、このあたりは必須(ひっす)ですね。

あとは人によって中国語とか……言葉はできるに越したことはないです」

　さらりと言ってのける。入学したばかりで外国語ができない時は、日本語訳で歌うことから始めるそうだ。

「そう考えると、大変ですね……」

「でも僕、歌詞があるのっていいと思うんです。言葉が出せる楽器は、声だけですよ。ダイレクトに人の心に働きかけることができるじゃないですか。それが声楽の魅力だって思います」

声楽にマイクはいらない

「僕の兄も藝大の声楽科を出てまして、今はドイツで歌ってます」

井口さんの母はエレクトーンの先生でもあり、音楽大好き一家で育ったという。

「井口さんも卒業後は留学されるんですか」

「僕はクラシックやミュージカルではなく、ポップス志向なんですよね。ゆくゆくはそっちで活動したいな、なんて思ってます。CD作ったりしてますが、まあ徐々に、ですね」

声楽科の将来は、音校の中でも特に厳しいと聞いていた。本場である海外に飛び出したとしても、オペラで主役を張れるのはほんの一握り。やりたい役があっても、生まれ持った声質がそれに合っていなければ採用されることはない。舞台に立つ以上、容姿も厳しく比較される。アジア系というだけで、ずいぶんハンデがあるという。努力でカバーできる部分が他の科に比べて少ないそうだ。

「まあ、やっぱり厳しいですよ。合唱団に入れれば理想なんですけどね。食べていくために、現地で観光客向けのガイドやってる人もいますよ。語学を活かして」

「そうなんですか……」

「誰かが笑い話で言ってましたよ。これだけ時間とお金を投資して、この結果なんだったら、藝大じゃなくてどっかの医学部に入った方がマシって」

「収入という意味ではそうかもしれませんね」

「はい。まあでも、声楽科ってみんな楽観的なんですよ」

井口さんは屈託なく笑った。

「今が楽しければいい、何とかなるって考えてるんです。人生をポジティブに楽しもうとする心があるんですよね」

「それは、どうしてですか」

そうですね……と、井口さんは少し考えてから答える。

「声楽って基本、マイクがいらないんですよ」

「マイクがいらない？」

「はい。人によっては、マイクを使う歌手のことを『マイクなんて使って』という目で見たりします」

はっと息を呑(の)んだ。

つまり、「届く」のである。

自分の声を、自分の体だけで、あの巨大なオペラ座の隅々にまで響き渡らせることができるのだ。自分には、二千人もの観衆を聞き惚(ほ)れさせる力がある。それを彼らは知っている。

「僕らやっぱり、声が楽器ということを誇りに思ってるんです。人間の体って素晴らしい、人生って素晴らしいと根っから信じてるんですよね」

井口さんの自信の源が、見えた気がした。人生を肯定しているから、声で人を感動させられる。声で人を感動させられるから、人生が肯定できる。

井口さんもまた、立花さんのように「人生と作品が血管で繋がっている」のだろう。

「僕らが人との距離感が近いのも、そういうところからくるんだと思います」

声楽科はチャラいといっても、一本芯(しん)の通ったチャラさだった。

恋愛も存分に味わってこそ、人生を楽しめる。いい歌が歌える。恋をしたことがない人間が恋を歌っても、きっと届かない。彼らはそれを、本能で知っているのかもしれない。

ふと、立花さんの「美しいものを作る人が美しくなかったら、説得力がない」という言葉が思い浮かんだ。

「……ところで、声楽科の人ってカラオケではマイク使うんですか？」

「ああ、カラオケは……実は苦手なんです」

苦笑いする井口さん。

「え？」

「あ、僕は苦にしないほうですけど。声楽科って、カラオケがダメな人、多いんですよ。他の科のほうがずっとうまいです。別分野なんですよね。Ｊ－ＰＯＰとか、声を思いっきり出さなかったりとか、話し声のようだったりするじゃないですか。ああいう歌い方、声楽ではしないんで」

「じゃあ、声楽科の人がＪ－ＰＯＰを歌ったら……」

「声だけは凄くいいんですけどね、妙に硬いというか、やっぱり変です。面白いですよね」

一度、声楽科の方とカラオケに行ってみたい。

10. 先端と本質

黒川岳（音楽環境創造科）
村上愛佳（先端芸術表現科）
植村真（大学院美術研究科先端芸術表現専攻）

納豆はタレつき？　タレなし？

「音大っていうと『のだめカンタービレ』みたいな、優雅で華やかな世界ってイメージあるじゃないですか。でも、違います。あれはほんの一部ですから。僕らみたいなのもいるって、知ってほしいですね」

音楽環境創造科四年生の黒川岳さんは、まるで子供のようにきらきら光る目をこちらに向けた。

「とにかく生活は切り詰めてますよ。トイレットペーパーを使わないように、なるべく外のトイレに行ったり。食事は米と納豆です。三つセットで四十八円の納豆は、生活の友」

「そんなに安い納豆があるんですか？」

「タレなしのものであれば、その値段であります。醤油をかけて食べます。タレつきの納豆は贅沢品ですから……頑張った自分へのご褒美として買うものです。今度食べ比べてみてください、やっぱり百円の納豆は豆が全然違いますよ」

「何かと活動などにお金がかかるんですね。今は、どんなことをされてるんですか？」

「今は、楽器を荒川に沈めようと思ってます」

なぜ。

「ただ、国土交通省から許可が下りないんですよね……。荒川って一級河川なんで、河川事務所があるんですよ。そこに企画書を持って行ったんですが、今のところいい返事がなくて。結局ダメだったら、新しい企画を考えないと」

「僕らの校舎は北千住にあるんです。上野には滅多に行かないんで、他の音校の人に僕らのこと、認識されてないような気がします」

北千住駅を出て、キャバクラや居酒屋がひしめく迷路のような路地を抜けると、そこが音楽環境創造科……略して〝音環〟のキャンパスだ。小学校を改築したものだそうで、小ぢんまりとしていてかわいらしい。

「まあ、上野の人とはちょっと壁を感じますね……。入学試験も演奏技術より、アピールとか小論文が重要なので。一般の大学に近いかもしれません」

同じく音環の口笛王者、青柳呂武(ろむ)さんも、そんなことを言っていたのを思い出す。

黒川さんの説明はこうである。

「音環は〝何でもあり〟な学科です。ひとまとめにできないというか、ひとまとめにできなかったものを全部ここにぶちこんだというか……」

藝大は一九四九年、東京美術学校と東京音楽学校が統合する形で生まれた。音楽環境創造科が作られたのは二〇〇二年とかなり最近で、音校では最も新しい学科なのだ。

「技術の発展で、既存の学科でカバーできないようなものが増えてきたんですよね。それらをまとめて面倒見るのが、音環なんです」

「たとえば、どんなことを勉強するんでしょう？」

「大きく分けて六つの研究分野があります。一年生の夏に、その中で何を専攻するか決めるんです」

一つ。作曲。新しい技術を使った新しい音楽作品を作る。例えばコンピュータミュージックなど。口笛の青柳さんはここに所属している。

二つ。音響録音。キャンパス内のスタジオで、録音や編集などスタジオ作業を学ぶ。実際に音楽を再生する際、会場にどうスピーカーを配置するのが最善かなど、音響技術全般も領域に含まれる。

三つ。音響心理。音を聞いた時、人の心にどんな影響が現れるか？　そういったことを実験を通して研究し、音楽制作に応用する。コンピュータプログラムを作って音を解析したり、統計処理したり。パソコンが必須アイテムだ。

四つ。社会学。音楽などを含めた芸術表現と、社会とのかかわりについて研究する。例えばラジオなどのメディアを使って発信するにはどうすればいいか、それが文化にどう影響を及ぼすか、など。

五つ。舞台芸術。演劇やダンスを行う。それに身体表現まで含めて、研究する。

六つ。アートマネジメント。イベントの企画を立てて、広報や場所探しまで含めて実行し、地域社会との関わり方も含めて模索する。

僕は思わず嘆息した。

「何でもありですね」

「何でもありですよね」

家の中に雨を降らせる

「僕は一応、アートマネジメントの研究室にいます。でも、一人で自由にさせてもらってます。音環はそのへん放任主義で、好き勝手にやってる人が多いですよ」

「具体的には、どんなことをされてるんですか？」

「そうですね、いろいろやってますけど……例えば『ほくろさんぽ』ってのをやりまして」

「……何ですか、それ？」

「木で骨組みを作って溶接して、ラーメン屋台のようなものを作るんです。で、『ほくろあります』と看板を立てて。お客さんが来たら、僕が悩みを聞くんです。棚がたくさんあって、そこからつけぼくろを一つ取り出して。『ふむふむ……なるほど……あなたの悩みだったら、ここですね』とお客さんの顔にほくろを貼り付けます」

黒川さんは大真面目である。

「裏にはパフォーマーが控えてまして。僕が聞いた悩みが、パフォーマーに連絡されてるんです。ほくろをつけたお客さんが歩いていくと、その先で何か起こるんですよ。聞いた悩みに応じた歌を即興で歌ったりとか。お客さんと全く同じ悩みについて呟き（つぶや）ながら通りすぎたりとか」

わけがわからない。でも、何だか不思議で面白い。

「あとは、家の中に雨を降らせたこともありましたね」

なぜ。

「僕、古い木造の家に住んでるんですけど。天井に穴のあいたビニールパイプを張り巡らせて、ポンプで水を送って、雨を降らせるんです。家の中に、ざあざあ。生のコンクリートを床に流して固めて、その上に素足を置いて座って……晴れの日に、室内で、雨宿りの気分を味わうんです」

やっぱり不思議で面白い。言葉ではうまく説明できないけれど、何か特別な体験を与えてくれる。そういったアート表現なのだ。

「でも、この雨宿りは後始末が大変でした。家の中のコンクリートを撤去しないとならないんで。ちまちまハンマーで割って取り除きましたけど、疲れましたね」

「賃貸ですよね？　無茶しますね」

「よく無茶苦茶やってると思われるんですけど、僕はちゃんと筋は通してますよ。大家さんに許可取ったり。大学で足湯やった時も、事務の人とたくさん交渉しましたから」

「大学で足湯、ですか？」

「アートパスという、藝大生が企画運営して行う展覧会があるんです。そこで僕は足湯をやったんですよ。中庭に敷かれている板を、こう、ひっぺがして。そこに手作りの桶や椅子を置いて。お湯を張って。最初は火で沸かそうとしたんですけど、事務の人に危険だからダメだと言われたんですね。じゃあ、と今度は大きな浴槽を置こうとしたんですけど、それも衛生上の問題でダメだと。もうほんと、事務の人とはバトルでした」

アートと常識の激しいぶつかり合いだ。

「給湯室も使わせてもらえなかったんですよ。だから仕方なく、電気ポットを六個用意してお湯を沸かしまくりました。それをひっきりなしに運んで、何とか足湯はできたんです。でも、ブレーカーが六回は落ちましたね」

「事務の人、怒ったでしょうね」

「あれ以来もう、目の敵にされてますね。ちょっと木を持ちこんで加工しているだけで文句を言われたり。下駄で歩いていると、床が傷つくと言われたり。ほとんど難癖じゃないかと」

黒川さんはおかしそうに笑った。

ひょうたんを出産?

「じゃあ、荒川に楽器を沈めるというのも、そういった制作活動の一環なんですね」

「そうですね。楽器を沈めて、錆びついたところで引き上げて、展示したり演奏したりする、というものをやろうと思ってて。そうそう、僕、以前、荒川に潜ったんですよ。これは、楽器のこととはまた別で、映像制作の課題だったんですけど」

黒川さんのエピソードは、枚挙にいとまがない。

「こんなストーリーの映像です。荒川からパンツいっちょうで、僕が現れるんです。全身にサランラップを巻いて、青いペンキも体に塗って、未知の生き物という設定なんですけど。で、川岸でぶくぶく泡を吹きながら、ひょうたんを出産するんですね。そのひょうたんと戯れているうちに、未知の生き物は気がふれてしまって、ひょうたんを刺し殺してしまう。その後、自分の行いにショックを受けて、ひょうたんを明かりにしながら川に帰っていく……」

まるで冗談にも思えるが、黒川さんの凄いところは、それをバリバリの本気でやってしまうところだ。

「荒川って、途中から急に深くなるんですよ。水深六メートルくらいあって。怖いんです。そして何より寒かったですよ。二月ですからね」

「それは寒いでしょうね……」

「もう、死ぬかと。そうそう、ドングリを探したこともありました。いきなりお客さんにドングリを渡すっていう企画をやったんです。近くに『ドングリ渡された方向け相談所』ってのも作っておいて、そこに来てもらうという。これも大変でしたね、なんせ八月だからドングリがまだ落ちてないんですよ。もう、必死にそこらじゅう回って三万個くらい集めました」

生半可な労力ではない。大金が得られるわけでもない。むしろ材料費などを考えたら大赤字だ。三パック四十八円の納豆を食べてまで、どうしてそこまでするのだろう。

しばし考え込んで、黒川さん。

「そうですね……人って意味とか文脈とか抜きに、『何かいいぞ』ってシンパシーを感じることがあるじゃないですか。それを作りだした時に、やったぞって思うんです。一度その達成感を味わってしまったら、もうやめられないんですよねえ」

「ほくろさんぽ」や足湯は、順番待ちが出るほど大盛況だったそうだ。たくさんの人が興味を持ち、共感したのである。

「でも、例えばドングリならドングリのままでもいいんじゃないですか。『ドングリ渡された方向け相談所』のように、一手間も二手間もかけるのには、何か理由があるんですか？」

黒川さんが、ゆっくりと答える。

「ただドングリのままだと、ドングリと、ドングリを眺める自分、という関係しかないんですよ。そのままじゃいけないと思うんです。何か手を加えたり、工夫することで……せっかくだから、僕は関わりたいんです」

その目に、何だかとても優しげなものを感じた。

「ほんと、裏側は地味ですよ。貧乏ですし。それから精神との戦いです。夜、くらーい部屋で、次の制作はどんなことをしようか、一人で一生懸命考える日々……」

苦笑いする黒川さん。そこまでして世の中と関わろうとする黒川さんは、人一倍世界を愛しているのかもしれない。

「そうして制作した作品には、凄く愛着がわきますね。自分より大事なもののように思えたり。自分と世界との接点ですし、自分の分身でもある。でも、完成した瞬間にそれは他者になっていて、もう分かり合えない部分が生まれちゃうんですよね。だからまた、新しく考える……」

世界との付き合い方を考えるその様は、恋に落ちた人にどこか似ていた。

電子工作から砂糖細工まで

「最近、宮城に行ってるんです！」

元気いっぱいに前歯を覗かせて、先端芸術表現科の村上愛佳さんが言った。

「ずっと、あの震災のことは考えていたんですけれど……作品の題材として客観的に見られる〝体〟になってなかったんでしょうね。でも今、三年生になってようやく向き合う覚悟ができてきたんです。卒業制作では、やっぱり震災を扱おうと思っていて」

二〇一一年の東日本大震災は、宮城に住んでいた村上さんに藝大を目指すきっかけを与えたという。

「高校三年の三月ですね。私は学校にいたんですけど、津波で街が消えていく映像が報道されるじゃないですか。友達の家があるあたりが、黒い泥水に飲まれていって。友達、帰れなくなっちゃったり。一階が水浸しだったり、教科書がなくなっちゃったり……もう、その時は何も考えられないし、他のこと思い出せないんです。頭の中が混沌として。でも、何なんだろうって。何なんだろうって考えることはしたくて。知りたくて。わかりたくて」

震災からほどなく、復興の一環としてアートプロジェクトが始まった。村上さんはそれに参加する。

「『宮城頑張ろう』というような、ワークショップが始まったんです。いろいろありました。音楽のライブだったり、美術の展示だったり、津波の跡に桜を植えるプロジェクトだったり……地元のアーティストも、地元以外のアーティストもやってきて。エネルギッシュでした。私はスタッフとしてお手伝いしてたんですけど、そこでいろんな出会いがあって、居心地が良かったですね」

「それが、藝大の先端芸術表現科を目指すきっかけになったんですか？」

「そうですね。現役の時は一応、一般大学に受かったんですけど、何だか試験中に身が入らなくて。このままでいいのかなって、しっくりこなくて、浪人して考えて……そこから一念発起して、そうだ藝大の先端を受けてみようと」

村上さんは、そこから一気にアートの世界に飛び込んだ。

美校の先端芸術表現科、略して〝先端〟は、音校の音環とちょっと境遇が似ている。キャンパスが上野ではなく茨城県の取手にあること。一九九九年設置と、比較的最近作られた学科であること。

「それから、先端も〝何でもあり〟なところがあって、一言ではまとめきれない学科なんですよね。だから音環とは何かと仲がいいですよ」

先端芸術表現の大学院を卒業したばかりの植村真さんが、教えてくれた。

「もともと、油画から分離した科なんです。油画にいながらも、絵ではないものをやりたい人たちをまとめて科にしたような感じで。ホント、みんないろんなことやってますよ」

具体的にどんなことをするのだろう。

村上さんが一生懸命説明してくれる内容を、僕は必死でメモしていく。まず一、二年生の間は様々な課題が出され、いろいろなメディアを扱って作品制作を行っていくそうだ。

「何でも一通りやります。例えば工作。電子工作もやるし、砂糖でウサギの人形作ったりとかもします。それからデザインもするし、あとは写真、映像、コンピュータ、身体表現……音も扱いますね。気になる音を録音してこい、みたいな課題で。プロジェクションマッピングもやります」

プロジェクションマッピングとは、建物などに映写機器で画像を映し出す技術だ。例えば灰色のビルに色とりどりの花の映像を映し出すことで、花だらけのビルを作り出すことができる。まさに、先端の技術である。

「取手キャンパスには写真用の完全暗室もあるし、録音用の無音室もあります。工作室もあって、そこでは溶接機械とか電ノコとかあって……たいていのことができるようになってます」

先端の教授陣がまた凄い。肩書を書き出してみるだけでも、美術評論家、美術史家、現代美術家、演劇評論家、写真家、作曲家、彫刻家、メディアアーティスト、キュレーター……。加えて、今活躍しているアーティストを外部から呼んで講義をしてもらうこともある。美術家に限らず、お笑い芸人やミュージシャンが候補に挙がったりもするそうだ。

アートの最前線がどんどん多様化しているのが、先端の指導体制からもうかがえる。

「三年からは課題がぐっと減って、一気に自由になります。一、二年で学んだことを使って自分で何かやってみろと。三年生は年に四回の講評があるだけで、それ以外は自由に作品作っていいんですよ。だから最低、年に四回だけ学校に来ればいいわけで。解放感ありますよー」

と村上さん。植村さんも、こんなふうに話す。

「毎日大学に来て作業している人もいれば、どこか自分の場所にこもって全然来ない人もいます。あと、毎年病んでしまう人が最低一人はいますね。何をすればいいのかわからなくなったりして……休学して、来なくなっちゃったり。なんか外国へ旅に出ちゃったり。そういう意味でも何でもありで、だいぶゆるい雰囲気ですよ」

アスファルトの車、ゴミ箱ポスト

そんな村上さんや植村さんが作っている作品もまた、何でもありだ。

村上さんが一枚の写真を見せてくれた。

「アスファルトで車を作って、駐車場に置きました。アスファルトの上にアスファルトの車があるのって、面白いかなって。これ、タイヤもアスファルト製ですけど、ちゃんと回るんです。押せば走るんですよ！」

小さなアスファルトの車の中から村上さんが嬉しそうに外を覗いている。

「友達に無理やり中に入れてもらったんです。ドアとかなくて、窓しかないんで、そこから。小柄な私だから何とか入れました。頭ぶつけましたけど……。あとは、こんなのとか。ゴミ箱ポスト」

次の写真。ゴミ捨て場に赤い郵便ポストが置かれている。

「これ、一見ポストですけど、実はゴミバケツなんです。赤く塗って郵便マーク書いて、それっぽく作りました。実際にゴミ収集所に置いて、ゴミ収集の人が持ってってくれるのかどうか、実験したいなーなんて思って。ふふっ」

アートといっても、村上さんの作品は子供のイタズラのよう。面白い。

植村さんも、その点では似ているかもしれない。

「これは、もう営業していないデパートの一室を使ったインスタレーションですね」

インスタレーションとは、空間全体を作品として体験させる美術だそうだ。

僕は写真を覗き込んだ。暗い無機質なデパートの床に、無数の空き瓶が等間隔に並べられ、斜め上から青い光が当てられている。その光が瓶を通して独特の模様と揺らめきを作り出し、地上にいながらにして水中に沈んでいるような、不思議な気分になる。

「ギャラリーや展示場ではない場所でやりたい、とはいつも思ってるんです。アートに全く関係ない友達にも話せるようなことがしたいので。だからあえて、日常に馴染みが深い場所を選ぶんです」

「日常と地続きのところにアートがあってほしい、ということでしょうか？」

「そうですね……アートって、ずっとそのあたりに分散していて、ちょっとずつ滲むようにして存在しているものなのかな、と。どれくらい身近かっていうと、空気ほどまではいかなくて……水素くらいかな？　食べ物だってアートだし、フォークとか、スプーンとかそういった道具も、少しずつはアートを含んでるんだと思います。たぶん」

わからなくもなかったが、とらえにくい感覚だった。作家が「これはアートだ」と言い張れば何でもアートになってしまうようで、見る側が置いてけぼりにされるような気もする。

イタズラの延長のような作品をつくる村上さんは、アートについてどう考えているのだろう。

「アートってそのう……何でしょうね、ええと……ちょっと考えさせてくださいね、うーん」

たっぷり五分ほども悩んでから、村上さんが口を開く。

「知覚できる幅を広げること……かなあ」

以前、東日本大震災について「知りたくて。わかりたくて」と言った村上さんの姿が、重なって見えた。

「そうすると、見えてなかったものが見えるようになるんです。いま知っていること以外にも、いろいろなものがこの世の中にはあって。知られていない美しさとか……美しさ、だけではない良さとか」

村上さんは考え考え、続ける。

「私、初めてカラーコーンをちゃんと見た瞬間、があったんです。工事現場とかにある、赤いカラーコーンです。何だろう、あの赤い三角形のもの、みたいな。その色とか、くたびれ具合とかが、びっくりするくらい素敵に思えて。あれ、私は今までカラーコーンの何を見ていたんだろう、って。そういうものを見つけて、共感してもらうために作品を作るっていうか……？　む、難しいですねー！」

僕も正直、とても難しいことだと思った。

だが、黒川さん、植村さん、村上さんの言葉を繋げると、ぼんやりとだが形が見えるような気もする。植村さんが言ったようにどこにでもあるものを、村上さんのように感覚を広げて知ろうとして、黒川さんがしているように共感を作りだす。

その題材や手段は、何でもあり。

そう考えると、アートとは人間同士が分かり合おうとする、優しい試みのようにも思えた。

いかに無駄なものを作るか

「ところで、制作した作品って、展示が終わったらどうなるんですか？」

僕の素朴な疑問に、村上さんが即答した。

「粗大ゴミです」

「えっ！　捨てちゃうんですか」

「うーん、やっぱり壊すしかないんですよね、買ってくれる人がいれば別ですけど、滅多にいないいし。アスファルトの車は記念写真を撮って、それからドリルで分解しましたよ。ちゃんと芯の木の部分は燃えるゴミ、ネジは燃えないゴミと分別して……」

少し寂しそうだった。

植村さんも「捨てる」と言う。

「残せるものは残しますけどね。でも、置き場なくなっちゃいますから。ものが大きいとなおさらです。先端の展示だと、みんなで十トントラック二台借りて、そこに満載して作品を運ぶくらいなんですよ。とても置いておけません」

「じゃあ、やっぱり分別してゴミに……」

「そうですね。もしくは、燃やせるものは燃やします」

まるで供養である。小さな家ほどもある作品も、巨大な屋台も、全部燃やして灰にして、捨てられてしまう。一過性のものなのだ。何だかもったいないような気もする。情熱と時間が注ぎ込まれた作品が、最後にはただのゴミになってしまうなんて。

「でも、いかに無駄なものを作るかって側面もありますから」

植村さんが穏やかに微笑む。

「ちゃんと役に立つものを作るのは、アートとは違ってきちゃいます。この世にまだないもの、それはだいたい無駄なものなんですけど、それを作るのがアートなんで」

無駄なものを作ること。それ自体は、無駄なことなのだろうか？　そうではないと思いたいが、じゃあ何のためにと言われたら、答えが見つからない。また、「アートとは何か」というややこしい疑問に戻ってしまう。

どうして人という生き物は、こんな変なことを一生懸命にやるのだろう？

植村さんが最後にぽつりと言った言葉が、印象に残った。

「アートは一つのツール、なんじゃないですかね。人が人であるための」

11. 古典は生きている

川嶋志乃舞（邦楽科長唄三味線専攻）
本田ひまわり（器楽科オルガン専攻）
尾上愛実（古楽科リコーダー専攻）

キラキラシャミセニスト

渋谷のライブハウス。

チケットを購入してワンドリンクを受け取り、僕と妻は端っこのほうの席に座った。

やがて会場は暗くなり、カラフルな光線とともに主役が現れる。ショートの茶髪を揺らして、アイドルを思わせる衣装の川嶋さんが、元気よく声を上げた。

「こんばんは！　キラキラシャミセニスト、川嶋志乃舞です。しのぴーって呼んでください！」

大事そうに抱えた三味線にライトが反射して、輝いて見える。三味線の端っこには、ぶらさげられた小さなぬいぐるみ。

「じゃあ最初の曲、いっきまーす！」

ベンベンベケベンベンベベベン。

その手が目まぐるしく動き、激しい音を奏で始めた。

邦楽とは日本の古典音楽であり、その歴史は千年を超える。たとえば、神社での結婚式で流れる音楽などがそうだ。邦楽科を擁するのは日本で唯一、東京藝術大学だけ。三味線音楽、邦楽囃子、日本舞踊、箏曲、尺八、能楽囃子、雅楽といった専攻が設けられている。

伝統としきたり、非常にお堅い世界と思いきや、長唄三味線専攻三年生の川嶋志乃舞さんはそんな雰囲気を全く感じさせない、可愛らしい大学生だった。

「私、邦楽とカワイイ、を掛け合わせた『ニッポンカワイイカルチャー』を、世界に発信したいんです！」

喫茶店で向き合った川嶋さんは、大きな丸眼鏡に青い刺繍のポップなシャツ、ライム色の名刺入れにピンクの手帳と、とてもカラフルだ。彼女は学生ながらCDを発売し、月にいくつものライブをこなす、プロの三味線奏者でもある。

「師匠への弟子入りは三歳の時でした。イベントで津軽三味線のステージを見て、あれやりたい！って。私、人前に出るのが好きなタイプで、ステージに上がりたいって思ったんですね」

民謡の唄やお囃子を体に染み込ませた後、五歳から本格的に津軽三味線を稽古、六歳で全国大会に初出場する。

「小学校ではもうギャラを頂いて演奏をしていたので、自然とプロを目指してましたね。演奏すると周りのみんなが喜んでくれるのが嬉しくて。好きなものは三味線、将来の夢はプロの三味線奏者、って書いたのを覚えてます」

「三味線漬けの生活だったんでしょうか？」

「どうでしょう、普通の人より毎日をエンジョイしていたかもしれません。中学、高校では恋もしたし、ギャルにもなったし、演劇やったり、塾に行ったり予備校行ったり、学級委員長もしたし、英会話も習いましたね。あとバイトもしてたし、ヒップホップもやりました」

「いろいろやりすぎじゃないですか！」

「いろいろやりたかったんです。三味線の先生に、全部はできないから何か削れって言われたこともありましたけど」

ボカロと三味線

「みなさーん、三味線ってあまり見たことないかもしれませんけれど、こういう楽器です！　ぜひ今日は、楽しんでいってくださーい！」

　ステージ上で、川嶋さんは楽器を掲げてみせる。ライブハウスのお客さんたちは物珍しそうに見つめていた。

「じゃあ次の曲は『千本桜』！」

　ニコニコ動画などで人気の、ボーカロイド楽曲の演奏が始まる。ボーカロイドと三味線。意表をつく組み合わせだが、聞いてみると相性は抜群。テンポの速い曲と三味線のキレのある音が、会場をいやがうえにも盛り上げる。

「次は『雨にキッスの花束を』。アニメ『YAWARA!』のオープニングソングです！　私、ちょっと古いアニメの曲が大好きなんですよー」

　観客席からは「しのぴー！」と声援が飛び始める。

「私、アニメやアイドルが大好きなんです！」

　川嶋さんには、好きなものがいっぱいある。ではその分、三味線がおろそかになっているかというと、そんなことはない。

「津軽三味線の全国大会では四回、日本一を取らせていただきました。私がやりたい音楽は、渋谷原宿系ポップを突き詰めた、『ニッポンカワイイチューン』と自称しているものなんですが……新しくジャンル化していきたいんです。そのためには、おおもとをおろそかにして批判されるようではいけない、と思ってるんです。だから、全国大会優勝も私の中では絶対必要だと思っていて」

「藝大を目指したのは、どうしてなんでしょうか？」

「古典邦楽全般をちゃんと勉強しておきたかったんですよ。藝大では、長唄三味線と関わりの深い唄や邦楽囃子も副専攻というかたちで学べるんです。他の、例えば尺八や日舞もレッスンを受けられたり、その特性や歴史について教えてもらえます」

主専攻では週に二回レッスンが行われ、副専攻ではそれが週一回になる。残りは歴史や音楽の仕組みなどを学ぶ座学、定期演奏会、そして自主練が占めているそうだ。

「でも、私がやっていた津軽三味線と、藝大でやる長唄三味線って、実は全然中身が違うんですよ。ヴァイオリンとベースくらい違います。私、それを高校三年生の夏に知って」

「えっ。受験まであと半年のタイミングじゃないですか！」

「もう、必死に勉強しました。楽譜の書き方からして違うんですよね」

見せてくれた三味線の楽譜を前に、僕は思わずまばたきする。これは何と言えばいいのか。パズルの問題のような、暗号のような。〇や平仮名や、漢字が散らばっている。とにかく五線譜とは全くの別物だ。

「いやあ、覚えるのが大変でした！」

ちっとも大変ではなさそうに、川嶋さんは言ってのけた。

伝統芸能をメインカルチャーに

ライブは四曲目。

「次は、津軽三味線ではお馴染みの曲、『津軽じょんがら節』です！」

軽快なリズムの間に、川嶋さんの大きくて鋭い合いの手が入る。

「ハー、イヤッ！」

初めて聞く音楽に、僕の心も、会場もざわめいた。

「津軽じょんがら節曲弾き(きょくび)きは、全曲のうちの前奏部分で、自由に弾いていいんですよ。だから他の人の技を取り込んだり、オリジナルフレーズを入れたりして、自分の曲を作り上げていく面白さがあるんです。こないだのライブでも数小節、アドリブで入れました。私の最終目標は、サブカルチャーに降格してしまった日本の伝統芸能を、メインカルチャーに引き戻すことなんです。邦楽の入口を拡大したいんですよ。そして純邦楽の、原曲の良さも知ってもらいたい。だから必ず、ライブでは純邦楽……それこそ津軽民謡とか長唄の合方をやるようにしているんです」

三味線ライブで演奏された曲は全部で五曲。ボーカロイドの曲、少し昔のアニメソング、津軽じょんがら節、そして川嶋さんのオリジナル曲が二つ。若い方にも、年配の方にも、邦楽初心者にも邦楽好きにも配慮しつつ、さらに川嶋さんならではの音楽を披露する構成になっていた。

「私の三味線は、みんなが期待してくれているので裏切れません」

川嶋さんの声が、ぐっと真剣になる。

「もう、一種の義務みたいになってますね」

津軽三味線の師匠との付き合いは二十年近く、もう一人のお父さんのような存在になっているという。それだけではない。川嶋さんは地元の期待も受けている。出身高校のある水戸市からは「みとの魅力宣伝部長」に任命されており、生まれ育った笠間市からは「笠間特別観光大使」を委嘱された。

もっと言えば、日本そのものも代表している。海外文化交流使節団として、何度も世界各国で日本の伝統文化を紹介しつつ、演奏しているのだ。時には着物姿で。時には〝原宿カワイイポップ〟な衣装で。邦楽を世界に広めるために。

　川嶋さんは、本当に様々なものを背負って、三味線を続けている。

「もし仮にですが、誰かの期待とか、そういうものがなかったら……それでも三味線をやりますか？」

「うーん、どうでしょう……他の芸術を始めちゃうかもしれませんね……」

　本当はネガティブ気質だという川嶋さん。彼女は、背負った期待をバイタリティに変えて、輝いているのかもしれない。

「ここまで聴いてくれてありがとうございます！　最後はオリジナル曲です、聞いてください。『FIGHTERS』！」

　ステージのライトが赤とピンクに変わり、情熱的なリズムが流れ出す。川嶋さんの右腕の動きはほとんど見えない。三味線の音は何だか日本人の血に訴えてくるような、独特の高揚感がある。手拍子が始まった。

　その時、一瞬だけ三味線の音が止まり、川嶋さんがほんの少し口を開いた。が、すぐにマイクを取り、白い歯を見せて笑った。

「プロなんで、弦二本でもやりまーすっ！」

　まさかのアクシデント。三本ある弦のうち一本が切れてしまったのだ。

しかし、そこからが圧巻だった。手の動きがさらに目まぐるしくなった以外は、ほとんど変わらないクオリティで演奏は行われ、最後はベンっと小気味いい音とともに、フィニッシュ。

万雷の拍手。上気した顔で、頬を赤くした川嶋さんがひょいっと頭を下げた。

「ありがとうございましたーッ！」

演奏者は考古学者

「実はオルガンって、凄く古い楽器なんですよ。なんと、紀元前からあるんです」

器楽科オルガン専攻の本田ひまわりさんが言う。

「だからヨーロッパではピアノ以上に身近で、伝統的な楽器なんですよ」

同じ鍵盤（けんばん）を持つ楽器であるピアノが出来たのは、ようやく一七〇〇年頃。ピアノの祖先であるチェンバロが作られたのですら一五〇〇年頃だから、オルガンのほうがずっと先輩。いわゆるクラシック音楽よりさらに古くから、オルガン音楽はあるのだ。

「私たちが主に演奏するのは、十六世紀から現代までの曲です。それでもレパートリーが広すぎて、とっても四年間では学びきれません」

学生たちは教授と相談しながら、どのあたりの年代のレパートリーを学ぶかを選択し、少しずつ扱える楽曲の幅を広げていくという。

「でも、同じオルガンの曲ですよね。楽譜さえあればどんな年代のものでも弾ける、ということにはならないんですか？」

「それが……」

本田さんが、少し困った顔になる。

「オルガンって、何百年もかけて進化してきた楽器なんです。だから、時代や地域によって、その様式が全く異なってきてしまうんです」

長い歴史のなかで、オルガンはあらゆる発展を遂げてきた。パイプに空気を送り込む動力一つとってみても、水力、人力の鞴(ふいご)、蒸気機関、そして電力と変化してきた。教会でのミサや礼拝で演奏するための巨大なオルガンもあれば、家庭で合奏を楽しむためのオルガンもある。鍵盤が三段になっているもの、二段のもの、一段のもの、足にペダルがあるもの、ないもの……。

オルガンに同じものは二つとない、と言えるほどだそうだ。

「そうした様々なオルガンのための楽曲を、目の前にある一台のオルガンで再現しなくてはならないんです。ここが難しいところです」

当時のオルガンと目の前にあるオルガンは、構造も音の響き方も全く異なる。つまり別の楽器のようなもので、楽譜があってもその通りに弾くことすら困難なのだ。そんな条件のなかでどうやって演奏するか。どうやって当時の響きを、可能な限り現代に蘇らせるか。

「まず、当時の演奏について勉強することから始めるんです。どんな響きだったか、どんなシーンで演奏された曲なのか。文献を読んで、歴史を勉強して……先生に見てもらったり、場合によっては現地に飛んで、当時の楽器による演奏を聞いたりして、イメージをすりあわせていきます。ああでもないこうでもないと、いろいろ試しながら、実際に音を出してイメージに近づけていくんですよ」

「恐竜の化石から、生きていた当時を再現するような作業ですね……」

「そうです。オルガン奏者は、考古学者に近いんです」

「楽譜を読むだけでも、考古学者みたいな作業になります」

古楽科リコーダー専攻の尾上愛実さんも、同じように言う。

「当時の楽譜って、活版譜なんです。ハンコみたいに印刷されているから、汚くて……読めないものがあるんです。もう、暗号解読に近いですね。何とか読めたとしても独特の表現があるんです。テンポについて『何秒』ではなく『一脈拍分』のように書かれていたりとか」

演奏前に、当時の時代に関する知識が必要になるのだ。

「今、スイッチ入れますね」

本田さんが何やら操作すると、ぶぅーんと何台もの換気扇が回るような音が響き、室内の空気が動くような気配が感じられた。

「これで今、風箱（かざばこ）の内部が加圧されてるんです。鍵盤を押せば、もう音が鳴りますよ」

僕は思わず躊躇（ちゅうちょ）した。

「さ、触っていいんですか？」

「？　どうぞ」

本田さんが笑う。

オルガン専攻の練習室の中。目の前にあるオルガンは、小学校に置かれていた足踏みオルガンとは全く違う。ダンプカーなみの存在感を放つ機械が、それを見上げる僕の前で、全身を震わせながら呼吸している。細かな装飾が施された木枠と、立ち並ぶ銀色のパイプの壮麗さに、何やら触れるだけで神罰が下るような気分になってしまう。

プー。

恐る恐る鍵盤を押すと、部屋中に透き通った音が響いた。

ロボットの操縦席のような操作盤には、鍵盤が三段、足元にペダル、そして左右にはレバー。

「このレバー、ストップと言うんですが、これを操作することで音色や、音の高低を選択できるんです」

本田さんがストップを一つ操作する。

ポー。

同じ鍵盤なのに、出る音が全く変わった。

「いろんな様式に対応するためには、このストップをどう操作し、たくさんの組み合わせの中からどれを選ぶかが重要です」

仕組みは何となくわかった。けれど、ストップは何十本もある。どれをオンにしてどれをオフにするか。どのタイミングでその操作を行うか。まるでパズルのようだ。

ちなみに、ストップの数や形状はオルガンによって異なるし、ストップが同じでも一台一台で音質は異なるそうだ。

オルガン専攻には全部で五台のオルガンがあり、さらに奏楽堂のものも練習に使えるという。

「学校ではオルガンの構造も勉強するんです。いざ演奏しにホールや教会に行った時、オルガンのメンテナンスをしてくださる方がすぐ傍にいないということもあります。だから、簡単な修理くらいは自分でできるようにするんです」

応急処置をするだけでなく、響き方の確認もするという。

「土日はプロの方のアシスタントをすることが多いです。ホールや、会場によって音の響き方ってだいぶ違うんですよ。リハーサルで奏者の代わりに音を鳴らして、奏者の方は客席で聴いて。足鍵盤のストップをもっと増やしたほうがいいとか、そういうバランスの調整をするんです。他にもストップの操作をさせて頂いたりします。勉強になりますよ」

「学ぶことがたくさんあるんですね」

「全然まだまだ、勉強不足なんです。オルガンを演奏するには、インプットとアウトプットと両方必要なんですけど」

様々な時代の様式を学ぶインプット。現実に再現して、自分の音楽として表現するのがアウトプット。

「どちらもまだまだ足りなくて、思うようにならなくて。先生に『あなたはまだ若いんだから仕方ない』と言われたことがあるんですが、もう、悔しくて。もどかしいですね」

それでも、本田さんはオルガンが好きだと言う。

「私、高校がミッションスクールだったんですよ。毎朝、讃美歌を歌うんです。広い講堂に大きなオルガンがあって、天使の声みたいに響いていて……あれが、どうしてもやりたくなったんです。それからずっと続けてきました。オルガンは、楽器も音も凄(すご)く大きいですけれど……触ってみると実はとても繊細な楽器なんです。そんなオルガンの魅力を、もっとたくさんの人に知ってもらいたいって思います」

オルガンが注目されることはなかなか少ないそうだ。以前、テレビの取材が藝大に来た時も、ピアノ専攻などに比べると放映は一瞬だったという。それだけに、テレビ番組でオルガンの曲が流れているのを聴いたりすると、とても嬉しくなるという。

本田さんは今日も、考古学者のようにオルガンと向き合っている。

バロック音楽という電撃

様々な制約に縛られ、自由が少ない古典音楽の演奏は、窮屈なものなのだろうか?

　どうやら、そんなことはないらしい。

「オルガンもそうですけど、古楽では通奏低音というものがあるんですよっ」

　リコーダー専攻の尾上愛実さんが、早口に言う。一見、文学少女のように大人しそうに見えるが、質問するとすぐさま身を乗り出し、目を輝かせて説明してくれるのだ。

「古楽の楽譜には、一番下の音符しか書かれていないんです。でも実際には、奏者はこれを和音にして演奏するんです」

「じゃあ、奏者が即興で和音を作っていくということですか？」

「そうなんです。一応、楽譜には和音の簡単なヒントが書かれていたりはしますけれど、アドリブで作っていくことには変わりないです。それから、旋律の装飾もします。例えば楽譜にド、レ、ミと書かれていても、その通り吹かないんです。ド、ソ、レ、ミにしてみたりとか。原則はありつつも、そのなかで奏者がアレンジしていくんです」

「リコーダーも、オルガンも、チェンバロも……みんなある程度はアドリブで、互いに合わせて弾くわけですか？」

「はい。それが通奏低音です」

同じ楽譜でも、同じ演奏になることはない。その場限りで、偶発的。古典音楽はまるで生き物のようだ。

「この通奏低音があるバロック音楽は、凄く感情が揺さぶられるんです！」

小柄な尾上さんは、熱弁をふるった。

古楽科で主に扱うのが、バロック音楽だ。バロック音楽とは、クラシック音楽の中でもちょっと古い方。モーツァルトやベートーヴェンが現れるよりも前の音楽様式である。

「私、バロック音楽を聴くのが好きだったんです。それはもう、初めて聴いた時から、この音楽全然違うって思って。一人でコンサートを聴きにも行きましたし、CDもたくさん集めました」

尾上さんはまるで電撃に打たれたように、バロック音楽にすっかり惚(ほ)れ込んでしまったという。

「もともと音楽高校にいて、そこではオーボエをやってたんですけど、今のオーボエと昔のオーボエって違うんですよ。バロックオーボエじゃないと、きちんとバロック音楽ができないんです。私は、どうしてもバロック音楽がやりたくて、古楽科を目指しました」

「楽器にリコーダーを選んだのは、どうしてなんですか？」

「本当はバロックオーボエがやりたかったんですけれど、バロックオーボエができる大学って少ないんです。ここでもう一つ問題がありまして。バロック音楽の基本ってアンサンブルなんです」

アンサンブルとは合奏のことだ。バロック音楽は貴族の邸宅などで、家族がそれぞれ楽器を受け持って合奏する、という楽しみ方をされていたものだそうである。

「バロックオーボエ専攻がある大学もあるんですけれど、そこは古楽科の人数が少なくてアンサンブルの機会が少なそうだったんですよ。藝大は人数はそこよりも多いけれど、バロックオーボエがない。そこで悩んで。でも、バロック期の演奏者って、複数の楽器ができるのが当たり前だったんですね。それが貴族の嗜み、のような感じで。なのでリコーダーも、バロックオーボエも両方やればいいか、と思って藝大のリコーダー専攻を目指しました」

バロックがやりたい、やりたい、やりたい。その情熱がびりびりと伝わってくる。

なお、藝大古楽科ではチェンバロ、リコーダー、バロックヴァイオリンの三つを主に扱っている。副専攻としてフラウト・トラヴェルソ（バロックフルート）やバロックオーボエ、オルガンなども学ぶことができ、尾上さんはリコーダーとバロックオーボエの二刀流である。

　その時、はっと尾上さんが口をつぐみ、耳を澄ました。

「……あっ。今、流れてますね」

「え？」

「BGMで。バロックが。私、バロックが流れていると、ついずっと聴いちゃうんですよね……」

　喫茶店の中では人のざわめきが絶えず、僕はBGMが切り替わったことにすら気づかなかった。尾上さんのバロックアンテナは、超一級品だ。

「ところで尾上さんのリコーダーって、僕たちが小学校の音楽で使うものとは違うんですか？」

「あれはジャーマン式ですね。私たちが使うのはバロック式です」

　尾上さんはさらりと答える。

「そういえば、教科書にジャーマン式とか、G式とか書かれていたような……」

「ジャーマン式は、ハ長調の曲を簡単に演奏するために作られたリコーダーなんです。

いや、ハ長調のために他の全(すべ)てを犠牲にしたリコーダー、と言ってもいいかもしれません。あれで演奏できるのはほんの一部、限られた調だけなんです」

ハ長調とは、調の一種である。調とは「ドレミファソラシド」のような音の組み合わせ方であり、この調を変えて演奏すると、音楽が悲しげになったり、楽しげになったり、雰囲気ががらりと変化してしまう。

こうした調は全部で二十四ある。僕たちが使っていたリコーダーは、本当のリコーダーの二十四分の一ほどしか演奏できない、入門用のものだったのだ。

「あと、素材も違いますよ。小学校のはプラスチックですが、私たちが使うものは木です。ツゲや、楓(かえで)や、黒檀(こくたん)など……あと、象牙(ぞうげ)もあります。今は人工象牙ですけど。昔は貴族の持ち物だったので、総象牙製のお宝みたいなリコーダーもあったそうですね」

プラスチックでないリコーダーは音色が柔らかく、まるで声を発するように音の幅が広いのだという。

末端は本当に美しくなければならない

「そういえば、バロックオーボエじゃないと、本当の意味でバロック音楽はできない

「今の楽器では何が違うんでしょう？」

というお話でしたよね。当時の楽器と、今の楽器では何が違うんでしょう？」

尾上さんはよくぞ聞いてくれました、とばかりに頷いた。

「今の楽器は音程が取りやすかったり、指を動かしやすかったり、大きな音が出たり……進化して、合理化されているんです。バロック楽器はその点、構造が単純で、楽器が助けてくれません。自分の息で、頑張って調整しなければならないことが多いです。でもその分、出せる音色の柔らかさが全然違うんです」

「それは……人間の声に近いということですか」

「そうですね。今のヴァイオリンって、弦はつるつるのスチールなんです。でも古楽のヴァイオリンは、ガット弦。羊の腸なんですよ。これを弾くとですね、グワッと、凄く野性味のある音が出るんです。バロック楽器は今の楽器よりも生身の人間に近いんです。生きてるもの、自然に近いんです」

野性味。通奏低音について教えてもらった時と、似た印象を覚えた。

「古楽って地味だとか、単純だとか思われてる部分もあると思うんですけど……そんなことないんですよ。凄く激しい、情感のこもった音楽です」

「それは、演奏者の感情が出るということでしょうか？」

「バロック音楽では、曲の感情を出すことが重視されるんです。イタリア語でアフェット、と言うんですけれど。作曲家の感情でも、演奏者の感情でもなくて、曲の感情。でも、曲の感情を出すためには私たちも感情を知っていなくてはならなくて。曲の感情に共感して、それを出してあげる。それを聴衆にも共感させていく」

古楽の奏者たちはアドリブによって和音を作り、メロディを装飾して、その場限りの演奏を作っていく。感情を引き出していく。

「演奏する時は、生きたものを出さなきゃって思ってます。今はもう失われた音楽を、その音楽が最も輝ける形で、生きた状態として生み出したいんです」

金属や電気など、今は便利なものがたくさんある。だがあえて、人の力で風を送るオルガンで、羊の腸で作った弦で、音を出す。

人が今よりももっと、自然に近かったころの音楽。夜になれば闇。明かりといえば炎。そんな時代の、娯楽性だけではなく神秘性も持ち合わせていた音楽を、現代に蘇らせることができたなら……。

「それができた時、凄い感動があるんです！　全てが混ざりあうんです。作曲家と演奏家が混ざりあって、聴衆と演奏家も混ざりあって。何だか、宇宙の調和みたいな？」

現代では数学を意味する「マスマティクス（mathematics）」は、古代ギリシャでは学問全般を意味する言葉であり、哲学や数学、自然科学と一緒に音楽も含まれていた。

数学や科学が宇宙の深淵(しんえん)に迫れるのなら、音楽にだってそれができるのだ。

「『私たちは音楽の末端でしかない。けれど、その末端は本当に美しくなければならない』って、先生に言われました。本当にそうだと思っていて。私は、音楽の一部になりたいんです」

尾上さんは透き通って潤(うる)んだ瞳(ひとみ)をこちらに向けて、そう言った。

日本の古典音楽も西洋の古典音楽も、古めかしくて伝統的で、様々な制約がある。その一方、どこか荒々しくて野放図な、全く新しい何かを作り出すことにも通じているようだ。

オルガン専攻の本田さんは、最後にこんなことを言った。

「音楽って、生きていくうえでなくてもよいものなんです。でも、長い年月をかけて発展してきました。やっぱり……なくてはならないものなんだって思います」

なくてもよいのに、なくてはならない。

音楽を所持しているのは人間なのだろうか、それとも人間を所持しているのが音楽なのだろうか。
僕はしばし、考え込んでしまった。

日原佑花子（工芸科染織専攻）
山口泰平（作曲科）
奥山恵（仮名／絵画科油画専攻）
藤本理沙（仮名／芸術学科）
真子千絵美（芸術学科）
中田みのり（デザイン科）

12.「ダメ人間製造大学」？

半分くらい行方不明

ここまで藝大を調べてきて、どうしても気になることが出てきた。

確かに藝大生は凄い。音へのこだわりには舌を巻くし、日々身に着けている技術も到底真似ができない。

だけど、それって社会で役立つのだろうか？

卒業してから、食べていくことができるのだろうか……。


「アーティストとしてやっていけるのは、ほんの一握り、いや一つまみだよね」

楽理科卒業生の柳澤佐和子さんが、あっさりと言った。

「他の人は卒業後、何をしているの？」

「半分くらいは行方不明よ」

「……え？」

「行方不明」

まさかと思って調べたが、これがほぼ事実なのだ。

平成二十七年度の進路状況には、卒業生四百八十六名のうち「進路未定・他」が二百二十五名とある。

彼らは今、どうしているのだろう。フリーターになったり、旅人になったり、バイトをしながら作品制作を続けたり……と、いろいろなパターンがあるようだが、文字通り詳細は不明だった。

「そもそも私のように就職活動をして、会社に入る人が少数派なのよ」

卒業生四百八十六名のうち、会社員や公務員など、いわゆる就職をした人数が四十八名。毎年一割にも満たない。就職先は音校なら楽団、劇団など。それ以外なら放送局、音楽事務所、それから自衛隊音楽隊など。美校であれば広告代理店、デザイン会社、ゲーム制作会社など。

「それ以外では進学する人が多いわ。とにかく、何らかの形で芸術をずっと続けようとする人がほとんど」

四年間という期間は芸術を学ぶには短いのか、大学院に進学して勉強を続ける学生は多い。美校では「とりあえず院に行ってから先を考える」というタイプも珍しくない。音校であれば「クラシックの本場を見る」ため、留学する人もいる。平成二十七年度は、百六十八名が進学している。全体の約四割だ。

「進学」と「不明」が、八割を占める。それが藝大生の進路なのだ。

「何年かに一人、天才が出ればいい。他の人はその天才の礎。ここはそういう大学なんです」

入学時、柳澤さんは学長にそう言われたという。

「ある意味、就職してる時点で落伍者、といった見方もあるのよ。就職するしかなかった、ということだからね。あいつは芸術を諦めた、みたいな……」

活躍している藝大出身者はたくさんいる。例えばレディー・ガガの靴を手がけたシューズデザイナー。大河ドラマのテーマ曲の作曲家。ディズニーシーの火山を作った彫刻家もいれば、ディズニーランドのショー音楽制作者もいる。

多くの藝大生が目指すのは、やはり作家だ。作品を売って食べていける画家、工芸家、彫刻家、作曲家。あるいは、演奏で食べていける演奏者、指揮者……。

しかし、そんな存在はほんの一握り。

何人もの人間がそこを目指し、何年かに一人の作家を生み出して、残りはフリーターになってしまう。それが当たり前の世界だという。

芸術は教えられるものじゃない

「そもそも藝大では進路指導や、就活支援のようなことをほとんどやりません。いえ、教授にもできないんですよ。もちろん相談には乗ってくれるでしょうけどね、あまり意味がありません。一般企業に就職するような人だったら、藝大で教授なんてしていないでしょうからね」

ある美校の学生は、そんな話を教えてくれた。

もちろん、教授たちの質が低い、という意味ではない。

妻にも聞いてみた。

「教授は実際、凄いよ」

「どんなところが？」

いろいろ凄いところはあるんだけど、と妻は前置きして言う。

「ノミを作るって言ったでしょ。ノミってね、背の側を平らにしなくちゃいけないんだ。そのために、砥石で削るの。でもこれが難しくて、一時間くらいかけてもちょっとだけ斜めの部分が残っちゃうのね」

「うん」

「でね、教授に見本を見せてもらったの」

「うん」

　妻はテーブルを砥石に見立て、シャッシャッと何かを削る動作をしてみせた。

「これで終わった」

「え？」

「それで、まっ平らに削れちゃうの。私たちが一時間かけてもできないことを、教授は二シャッシャでできるんだよ」

　一秒に一シャッシャできるとして、一時間で三千六百シャッシャ。つまり教授と学生の習熟度は、ノミを削る時点からすでに千八百倍以上の差があることになる。まさに神業。妻は真顔でうんうんと頷いた。

「正直、何を参考にしていいのかわからなかったなあ……」

　美校の教授はみな神業を持っていて、学生たちはそれを〝見て〟盗むそうだ。

「ぐらぐらに沸騰した石鹸水に、素手を突っ込みますからね」

工芸科染織専攻の日原佑花子さんの証言。布を染める際に、巨大な鍋で沸かした石鹸水に布をくぐらせ、それを冷水を溜めたプールに突っ込んで洗う、という作業があるという。普通は器具を使ったり、軍手をはめたりするのだが、教授は素手でこれをやってのけるのだそうだ。

「熱くないんですかね」

「あちあちって言ってますけどね……」

「それくらいですんじゃうんですね……」

「あと、染織って薬品を使うんですよ。触ったりしたらヤバイ劇薬もあるんですけど。教授はためらうことなく素手で触りますね」

「大丈夫なんですか、それ」

「ちょっとピリピリする、らしいです」


「油画専攻の講評で、教授が言ったことが凄かったそうですよ」

こう話すのは、音楽環境創造科の黒川岳さん。

講評というのは、課題の総まとめである。教室に学生たちが制作した絵がずらりと並べられ、それを順番に教授が見て、アドバイスを与えたりしながら、評価をするのだ。

その時は油絵の講評で、教授は一つの絵を指さして言ったという。

「君の絵はここにある」

次に、教授は自らを指して、言った。

「俺の絵はアメリカにある」

最後に強い口調で、

「『愛』だね！」

それで、講評は終わった――。

もう、何だかよくわからない。

「要するに藝大の教授はアーティスト、あるいは職人ではあっても、指導者ではないんですよ」

黒川さんはしみじみと言った。

「『芸術は教えられるものじゃない』と入学してすぐに言われました。技術は習うことができますが、それを使って何をするかは、自分で見つけるしかないんです。やりたいことがないと潰(つぶ)れちゃいますし……売れる方法なんかは自分で探すしかない。そもそも売れる方法は、教授にだってわからないんですよ。藝大で評価されなかった人が、大成功することもありますからね」

美校の教授と学生は、何が正解かわからないアートの世界で共に切磋琢磨するという意味では、仲間でもある。そのためか、友達とまではいかないが、互いの距離はけっこう近いように思える。広場で准教授と学生がキャッチボールをしている光景なども、普通に見られる。

オルガンホームパーティー

一方、音校では師匠と弟子という感覚が強いようだ。

教授はほんの数秒、門下の学生の演奏を聞いただけで、楽器の手入れの不備を見抜いたりするという。それだけではない。

「最近、何か辛いことあった？」

何と精神面まで見抜くのだそうだ。音に表れた気の迷いを払う手伝いまでしてくれる。

「オルガン専攻の母だと思って、何でも相談してください」

器楽科オルガン専攻の本田さんは、最初に教授陣の一人からそう言われたという。

「先生との距離は近いです。ホームパーティーをしたりしますよ。先生のご自宅に招いてもらって、それぞれ一品持ち寄るんです。もちろんそこにはオルガンがあって、みんなでワインを飲みながらオルガンを弾くんです。とても楽しいですよ」

オルガン専攻の母と、子供たち。家族に近いのだ。

そうしたなかで、邦楽科はかなり特別かもしれない。

なんと、朝には学生たちが廊下にずらりと整列するそうだ。そして先生がやって来ると、一斉に「おはようございます」と礼をする。

「邦楽科では、学生は先生方の弟子のような感覚ですね。先生が来たらドアを開けたり、荷物を持ったり、お茶を入れたりします」

邦楽科長唄三味線専攻の川嶋志乃舞さんが、そう教えてくれた。

「邦楽は、そういう世界なんですね」

「はい。学校内ではないですが、自分の師匠がどこかで演奏される時、特に男の子ですね、お付きとして一緒に行く子もいますよ。着物を畳んだり、楽屋でいろんなお世話をしたり……」

「お付きで行く時は、休日ですよね。学校とは別なんですよね」

「はい。先生が『この日、空けといて』と言ったら、問答無用で『はい』という感じです」

しかし、師匠の背中を見て、一流の演奏を間近で勉強できるし、会場などで顔を売ることもできる。演奏家として羽ばたいていくための、指導の一環なのだ。

音校の教授は、学生の面倒をよく見る。そのぶん学生も教授を師と仰ぐのだろう、自分のプロフィールに「○○氏に師事」などと記載するのは音校の学生だけだ。

だが音校も美校と同様、藝大を出れば食べていけるかというと、なかなか苦しいのが現実。

「マイナー寄りの楽器なら、楽団や音楽教室の枠もそれなりに残っていることがあるので、何とかなりますが……競争の激しいヴァイオリンやピアノは、大変みたいですよ」

ハープ専攻の竹内真子さんが言うように、音校では楽器によっても就職に差が出てくる。

「ファゴットは楽団に二人から四人くらいの枠があるんですが、一度入ったらやめる人ってほとんどいないので、なかなか空きがでないんです。空きが出ると、一気に五十人とかがオーディションを受けにくるような感じで、競争は激しいです」

ファゴット専攻の安井悠陽さんの話からも、楽器で職を得るのはなかなか大変だと、わかる。

「このオーディションがまた、緊張するようですね。楽団員全員がいる前で、一人で演奏して、審査されるそうですから……」

アマチュアオーケストラの助っ人などをしながら、バイトで何とか糊口をしのぎ、オーディションのチャンスを待つ。そんな音校卒業生も珍しくはないそうだ。

「ダメ人間製造大学」？

「藝大って『ダメ人間製造大学』みたいなところ、あると思うんです」

工芸科染織専攻の日原佑花子さんが、苦笑しつつ言う。

「会話はたいてい『今、何制作してる？』から始まるんです。結局、美校の藝大生は、みんなアーティストになりたいんですよ。確かに制作する大学ですけど、それでいいのかなって思いますね。選択肢って、そこだけなのかなって……」

日原さんの言いたいことは、僕にもわかる。

みな、将来についてあまり真剣に悩んでいないようなのだ。卒業後、具体的にどう生きていくのか、十年後、二十年後はどうするのか、といった話を聞くことはほとんどない。

もちろん、不安ばかりを募らせても意味がないのだろうけれど……。

しかし中には、決意を持って将来を考えていない人もいる。

山口泰平さんは、理知的な瞳をきらりと輝かせて言うのだ。

「将来のことは何にも考えてないですね。その時その時で、面白いと思ったことをやっていこうかと。レールに沿って何かをやって行けば成功するとか、そういう世界ではないと思うんです。やりたいことをやるのが大事なんじゃないかと」

山口さんは東大の工学部で建築を学んだ後、社会人経験を経て藝大の作曲科に入った異色の経歴の持ち主だ。もともと音楽に興味はあったが、中高一貫校にいたこともあり、流されるまま勉強しているうちに東大に入っていたという。

「最初は、社会の役に立たなければいけないということに捉われていました。でも東大で、建築の先生が言っていたんですね。『全ての建築は個人的な欲求からスタートする』と。依頼主のためとか、社会のためじゃなくて、個人的にやりたいことがあってこそ、だそうです。他者のニーズとは後からすり合わせていけばいいと。なるほど、と思いまして。やりたいことをやっていたほうが、周りの人も見ていて楽しいじゃないですか。それこそが結局は、社会のためになるのかなと」

山口さんは、いつか人生を振り返った時に「何かをやりたかったのにやらなかった」と後悔するのが嫌で、一念発起して藝大に入り直したという。

「だから、僕は楽しいことをやっていこうと思いますし、今楽しいです」


「油画男子は頼りないとは、言われたりしますね」

絵画科油画専攻の奥山恵さんが、首をひねる。

「それは精神的にですか？」

「どちらかと言えば、経済的にでしょうか」

僕は、そうかもしれない、と頷いた。実際に取材するなかでも感じるのだが、どうやって生活していくか、あまり考えていない人が見受けられるのだ。そんなことより今は絵に全力投球。良くも悪くも集中している。

油画女子にもまた、危いタイプが存在するという。

「私には絵しかない、みたいな人もいますから」

思いつめてしまい、精神的に不安定になりがちだそうだ。

「けっこう、極端なんですね」

「そういった人は少数ですけどね。でも、油画は毎年一人、絶対連絡が取れなくなる人が出ます」

「連絡が取れなくなる？」

「突然、行方がわからなくなるんです。失踪したり、中退したり……学校行きたくなくなっちゃったり。理由はわからないままのことも多いです」

誰かが行方不明になると、ああ、今年も出たなとなるわけだ。一種の〝風物詩〟になっているそう。それもちょっと、どうかと思う。

六十代の同級生

だが、失踪するほどまで自分で自分を追い詰め、没頭して作られた作品ほど素晴らしいものだったりもする。きちんと将来を考えている人が、偉大な芸術家になるとは限らない。そこが藝大の特殊なところだ。学生たちもそれを知っている。

「作品だけ見たら、凄い、素晴らしいって思ってしまうんですけれどね。作家本人についてよく調べてみると、もうどうしようもない、ダメ人間だったりするわけです」

芸術学科の藤本理沙さんが、大真面目な顔で言う。

「傑作を作った巨匠と言われていても、同じ人間なんですよね。案外、身近だって思いますよ」

それに、同じ学科の真子千絵美さんが頷く。

二人の学ぶ芸術学科は、美校の中では異色の学科だ。自ら作品を制作するのではなく、美術史学や美学の研究を行う。音校でいう楽理科に近いかもしれない。

「芸術学科では、どんなふうに勉強するんですか？　やはり座学中心なんでしょうか」

真子さんと藤本さんが、芸術学科についてかわるがわる説明してくれた。

「一、二年生では実技もやります。実際に彫刻を作ったり、写真を撮ってみたり。これは藝大のいいところだと思います。他の大学では、実技までやらせてくれないところが多いので……。座学では美術史を学んだり、『演習』といって、ゼミ形式で研究発表などを行っていきます」

「楽理科と似ていますね」

「似てると思います」

「研究のテーマは、どういったものになるんでしょうか？」

「いろいろですね。ムンクについて調べる、といったものもあれば、鎌倉時代の絵巻物について調べることもあります。もっとアバウトに、『木』だとか『水』とか『石』

がテーマとして与えられたりもします。何でもいいから、それについて書いてこい、というような。私は『石』がテーマの時には、円山応挙という画家の、石を題材にした作品について調べたかなあ……」

考え込む真子さんの横から、藤本さんが言った。

「あと、芸術学科はいろいろな年代の人がいるのが面白いですよ。六十代の人もいますからね」

藤本さんと真子さんは、どちらも現役で合格した三年生。そんな二人と肩を並べて、年の差三倍近い人が学んでいるとは。

「定年後に、美術を学びたいって入ってくる人がいるんですよ。土木の仕事をやりながら通っている四十歳の人や、五十代の人もいます。年齢層はかなり広いですね。六十代の方は、誰よりも熱心に授業を聞いていて、凄いなって思いますよ」

「年の違う方とは、どんなふうに接するんですか？　やっぱり少し、やり辛かったりします？」

笑って手を振る真子さん。

「いえ、むしろ年齢差は気にならなくなります。同級生なんで、会ったら『よっす』って感じですよ。たまに、みんなで飲みに行ったりも……」

　今は芸術学科で美術の研究をしている真子さんも、もともとは制作をしていたという。

「高校まではずっとそうでした。油絵が好きで、たくさん描いてましたね。でもある時、気づいたんです。同じ作品でも、展覧会でどう展示されるかによって全然見え方が違ってくるんですよ。場所が良くなければ、せっかくの作品も微妙に見えてしまったり」

「置き場一つで、そんなに違うものなんですね」

「はい、だいぶ違いますよ。それから、だんだん考えが変わっていったんです。私にとって美術は、自分を売り込んでいく感じじゃないな……って。私、あまり絵描くの得意じゃないし。それよりも、展示する側のことを学びたくなってきて。私にとって美術は『みんなに好きになってほしいもの』で、そのために働けたらいいなって」

　みんなにもっと展覧会に来てほしい、という真子さん。

「美術の展覧会って、来るのがお爺ちゃんお婆ちゃんばっかりなんですよ。もっと若い人も、映画館に行くくらいの気軽さで来てくれたらいいのにと思います。来たら絶対面白いんで！」

たとえ作家がダメ人間であっても、真子さんや藤本さんのような人が架け橋になることで、美術は僕たちが触れられる場所にまでやってくるのだろう。藝大に通う学生は、作家だけではない。作家と僕らを繋ぐ人たちも、また日々学んでいる。

仕事をしていない時間がない

二人は制作者を目指しているわけではないので、広告代理店のインターンを受けたり、美術館などの就職先を訪問するなど、就活を行っている。普通の大学生に近いかもしれない。

一方、すでに社会に出てバリバリ働き、しっかり稼いでいる学生もいる。デザイン科三年生の中田みのりさんもその一人だ。

「こんにちは。早速、うちに行きましょうか」

北千住の駅前で待ち合わせした中田さんは、真っ赤に染めた長い髪を揺らして、爽やかに言った。黒いストライプが入ったパンツ、色鮮やかなジャケット、目鼻立ちのくっきりした顔立ち。すぐにでもファッションショーに出られそうで、物凄く目立っている。

案内された自宅は、木造の古い建物だった。

「すみません、うち、窓から入るんです」

一戸建てだが、一階は別の人が住んでいて、二階だけ中田さんと友人で借りているそうだ。そのために玄関からではなく、ベランダに据えつけられた階段を上がり、窓の南京錠(なんきんじょう)を開けて中に入る。住所で「○○丁目○○番螺旋(らせん)階段の上」というのは初めて見た。

「ちなみに家賃は二万です」

屋根も外壁もいかにも古く、床は歩けばぎしぎしと鳴る。しかし、中田さんの部屋に入るとさすがデザイン科、そこは家具も内装も黒、赤、白の三色に統一されたスタイリッシュな空間だった。

「凄くお洒落(しゃれ)ですね」

「いやー……ここまでするのが大変でした。最初はもう、ほんとボロで。住めるようにするまで十万くらいかかりましたね」

もともとは、藝大の彫金専攻を卒業後、建築家として働いていた方が使っていた家なのだという。中田さんが借り受けた時、畳はぼろぼろでデコボコ、壁は穴が空いてヤニだらけ、あちこちカビも生え放題という有様だったそうだ。掃除をして床に新聞紙を敷き、板を敷いて布を張り……中田さん自らの手によるリフォームで、だいぶ改善されている。最初は暖房すらなく、冬は震えながら寝ていたという。

「私が実家を出てここに住んだ理由はですね、ちょっと母親と確執がありまして……。私、中学の頃から頭を真っ青に染めちゃうような、ちょっとヤンキー入った子で、世の中に反抗しまくってたんですよ。母親は教育ママで、私の素行について、受け入れられない部分があったみたいで。最後は取っ組み合いになりましたからね。顔にキャッツみたいな傷が、もう、ビシーってつきましたよ」

いやー、大変だったあ、と中田さんは苦笑する。

「この前ようやく仲直りできたんです。一年ぶりに目を合わせて話をした感じで……。いやー、よかったです。今はこの赤髪も『綺麗な色だね』って言ってくれます。母は偉大ですね」

「デザイン科は働くのが好きな人が多いですよ。お金を手に入れるのが好きなんです。で、そのもらったお金で、高い服を買ってお洒落をして。そうするとさらに新しいお仕事に繋がったりするから、それでまたお金を頂く。稼いで使って、稼いで使って」

中田さんが着ている服は、どこで買えるのかわからないような奇抜で、また質の良さそうなものだった。

「デザインって、お客さんありきなんですよ。いかに相手の要望に沿ったものを作るかですから。逆にいうと独創性とか、個性が重要ではないんです。そのせいか、他の人の作品と競うとか、そういう意識が薄いと思います」

「最初から商業的なんですね。お客さんありき、というのは建築科ともちょっと似ている気がしました」

「そうですね。他の科は……お金とか関係なしに、最初から一つのことに全力で打ちこんでるじゃないですか。凄いと思いますし、羨ましいとも思います。デザイン科とはだいぶ温度差がありますね。うちって、他科と仲良くできている人が、クラスに数人しかいないんです。『あいつらは働かない奴ら』とバッサリ切り捨てる人もいるし、『自分にはできないことをしている人たち』と見る人もいるし……」

「ちょっと、住む世界が違うんでしょうかね」

「ですねー。私は他科の人と話すと凄く面白いと思いますけどね。他の科と飲み会あるよ、と言っても来ない人が多いです。そもそもデザイン科の中でも、交流はけっこうあっさりしてます。一緒に何か仕事やろうってなると盛り上がるし、チームワークもできるんですが、それが終わったらあとは絡まないみたいな」

「なんか……会社の同僚みたいですね。仕事が終わったら、後は解散というような

「……」

「そうですね。そういうところ、あります」

「中田さんは、具体的にはどんなお仕事をされてるんですか？」

「ええと……いろいろやってますけど、続いているのでいうと……」

指折り数える中田さん。

「ウェブデザイナー。それから、映像クリエイターのアシスタント。普通にビストロでバイトもしてます。そこから発展して、ビストロの内装もやらせてもらいました。それから家庭教師。絵の指導をしてます。御茶の水美術学院で、モデルのバイトもやってますね。あと、舞台美術もやりました。千人くらいのホール公演で、背景をゼロから作ってくれと言われて。クラブの演出スタッフやバニーガールもやってます。あと、あるアーティストのアシスタントを。これは作家さんがラフで描いた絵を、きちんと起こしていくような仕事で」

メモする手が追いつかない。

「あと、これも今やってる仕事です。『江戸グラビア』って言うんですけど」

机の上には、粘土で作られた、消しゴムより少し大きいくらいのサイズの人形がある。江戸時代風に髪を結った女性が水着でポーズを取っていた。

「『ガチャガチャ』の原型作りです。これは一つ作って七万円くらいかな？」

「凄くいろいろされてますね！」

「仕事はいくらでもありますし。私、飽きっぽいところがあって、いろいろやりたいんです。仕事をしていない時間がないですね。今日やることを順々にこなしていって、終わったら寝る。それが楽しいんですよ。別に無理をしているわけでもなくて、毎日が充実してます」

「これは何ですか？」

机の脇に、アルバムのようなものが置かれていた。たくさんの紙がどっさり詰まった袋もある。

「紙見本ですね。製紙会社に行くと、紙の見本がずらっと並んでて、持って帰れるんですよ。それを私たちは紙袋にどっさり、両手で抱えるくらい貰ってきます。一種類ずつ貰うだけでもそれくらいになっちゃうんですよ。それを、製紙会社ごとにやりますからね。紙見本はポスターやチラシ作る時に必要になるんです」

クリアファイルを開くと、色とりどり、様々な質感の紙見本が現れた。

「慣れてくると、ポスターとか触っただけで紙の種類を当てられるようになりますよ。

あの会社の、あの紙だって。今度、私も使ってみよう、とか」

「もう学生ではなくて、プロのデザイナーですね……」

「いやー、まだまだです……」

「デザイン科では『人と喋(しゃべ)れるようになれ』が基本です。お客さんともチームメンバーとも、コミュニケーションができなかったら仕事にならないので。一、二年の時は月イチくらいで課題が出されて、それをこなしていきます。グループワークが多いですね。『食』をテーマにしたお店について、デザイン、CM、商品を作れ、とか。そういう課題」

「実践的ですね。本当のデザイン会社のプロジェクトみたい……」

「いやー。そうですか。三、四年になるともう少し特化していきます。映像、ビジュアルデザイン、プロダクトデザイン、スペースプランニングの中から一つ選んで、専攻します」

　ビジュアルデザインとは、主に平面上のデザイン。ポスターやロゴなどが領域だ。プロダクトデザインとは、製品のデザイン。携帯電話の形や、パソコンなどの形状が守備範囲。スペースプランニングでは空間が舞台になる。店舗の内装や、居心地のいい空間づくりなど――。

デザイン科の学生は、それぞれに得意分野を作り、そこで自分の能力をより高めていく。ちなみに中田さんは、映像を専攻しているそうだ。

「これからは映像の時代かな、と思っているので。将来もそれ系で就職しようかなあと思ってます。デザイン科では、半分くらいの人は大学院に行きますけど、その後はみんな就職しますね。院に行かない人も就職します。ニートになる人は、一人いるかいないか、くらいです」

「就職する人が大多数というのも、藝大では珍しいですよね」

「ですねー。でも、藝大ってやっぱり楽しいです。最高です」

「どういったところが楽しいんですか？」

「頭おかしい人がいっぱいいて、自由で。人にどう見られるか気にしなくていいところですね。いやーほんと、いろいろいますよ。精神病棟に住んでる油画の人とか。薬やって施設に入って、芸能人に会ったっていう先輩とか……。でも、そういう人だからこそ生み出せるものがあるんですよね」

あっけらかんと中田さんが言った。

普通の世界と離れ過ぎちゃう

「ずっと行きたかった大学のはずなのに。でも今は、こんな大学長くいちゃいけないって思ってるところがあるんですよね」

工芸科の染織研究室を案内してくれた日原佑花子さんが、深刻そうに言う。僕は、研究室の中をきょろきょろ見回していた。

「普通の世界と離れ過ぎちゃうんです。もっと世の中の仕組みを勉強したくて。アーティスト以外の人とも、繋がらないと……」

研究室の天井は凄く高い。広い窓から光が差し込んでいる。

見上げると、巨大な布が吊り下げられている。染織された布を乾かしているのだ。壁には吊り下げるフック、ロープが据え付けられており、制作中の作品がいくつも並んでいた。

「アーティストになりたいとは、思わないんですか？」

「昔は思ってました。それで、藝大の受験も頑張ったわけだし……でも、今は変わってきました。むしろ起業したいですね。私、自分のやりたいことは自分で作りたいんです。就職して、仕事をして、社会勉強して……それから会社を興したい」

大きな机の上では、学生たちが一心に作業している。布に糸を通したり、何かを塗ったり。小さな音だけの静かな空間だ。

奥の部屋からは規則的な音が響いてくる。

パッタン、パッタン。

織機の音だ。

様々な大きさのものが五、六台並んでいる。中には自動車ほどの巨大なものも。木材が複雑に組み合わされた織機の前に一人の学生が座り、手と足で操作している。パッタン、と音がするたびに織機が動き、糸が布へと変わっていく。

「どんな会社を作るんですか？」

「まだはっきりとは決めていませんが、アーティストとアーティストを、人と人を繋げるような。アートする場所を提供したいです。私が自分で作品を作るのではなく、一歩下がったところからサポートしたいんですよ」

壁一面を占める棚には、様々な種類の毛糸や布がずらりと並んでいる。手前の部屋に据え付けられたシンクには、何百本もの瓶に入った染料が並んでいる。動物性の染料、植物性の染料、それぞれ特徴や扱い方が異なるそうだ。

「これがスチームルーム。これが、布を洗うプールです。これが水酸化ナトリウムを煮たてる鍋」

日原さんが説明してくれる設備は、どれも見慣れないものばかり。給食室と家庭科室と理科室を混ぜたような空間が、どこまでも続く。

「これはなんですか？」

「冷蔵庫ですね」

銀色の扉を日原さんが開けると、中にはいくつもの瓶が詰まっていた。

「……光や温度変化に弱い染料を保存しておくんですか？」

「そうですね。あと、糊（のり）。自分たちでお米から糊を作ってしまっておくんです」

制作に没頭する学生、問題意識を持つ学生、働く学生、起業する学生、失踪する学生。藝大生はみな、自分なりに前に進んでいるのだろう。いつの間にかお互いが繋がり合い、芸術の世界を引っ張っていく。

「ニッポンの文化芸術を背負うのは、お前らじゃァ！」

学生に向け、「藝祭」でそう言い放った宮田亮平（りょうへい）学長の姿を思い出した。

13.「藝祭」は爆発だ！

手作り神輿と絶叫する学長

藝大の学園祭、それが毎年九月の初旬に行われる「藝祭」だ。

よく晴れわたった日、解説役に妻を連れ、僕は上野にやってきた。

「藝祭はまず、神輿パレードから始まるんだよ」

藝大の新一年生たちが音校・美校混成で八チームに分かれ、それぞれに神輿を製作。同じく自分たちで作った法被を身につけて、上野公園を練り歩くのが毎年の恒例だそうだ。

驚くべきはこの神輿のクオリティ。

「……何これ。本当に一年生が作ったの？」

「そうよ」

「製作期間って夏休みの間だけでしょ？」

「そうよ。デザインや立体見本（マケット）はもっと前から作るけど」

「し、信じられない……」

熊に跨りこちらを見下ろす金太郎。角を振りかざして暴れ回る猛牛。悠然と神輿に跨る、ぬらりとした大山椒魚。ギリシャ風の神殿に絡みつき、海底に引きずり込もうとする大蛸――その質感。迫力。細部の完成度。怪獣映画が撮れるレベルだと思う。

「発泡スチロールでできてるんだよね？」

「そうよ。頑張ってみんなで削って、作るんだ」

「とてもそうは見えない……」

優秀作は、上野商店街が二十万円ほどで買い取ってくれるという。

それぞれのチームが着ている法被もオリジナルだ。印刷から縫製まで、全て自分たちで行う。印刷はシルクスクリーンという版画技法を用い、縫製はミシン。まるで浮世絵を背負っているような、見事な法被が出来上がる。

神輿パレードが終わると、神輿は上野公園の噴水前広場に集結する。

ここでアピールタイムだ。宮田学長を含め審査員たちが見守るなか、各チームが思い思いの手法で自分たちの神輿を用いたパフォーマンスを披露する。神輿を担いで全力ダッシュ、高速回転、斜めになりながら動き回る——このくらいなら、まだ他のお祭りでもギリギリあるかもしれない。だが藝大は、それでは終わらない。

「何か煙吹いてるけど……」

「ドライアイスかな？」

「卵の形の部分が割れて、人が出てきた！」

「さすが先端。凝ってるなあ」

「え、何か歌が……」

「観客の中に、声楽科が紛れ込んでる！」

先端・音環チームが、神輿が割れるギミックを仕込んだかと思えば、声楽・建築チームはレ・ミゼラブルの歌をプロ並みの美声で歌いながら行進する。各科の得意技を惜しみなく繰り出しての応酬が続く。

サービス精神満点のアピールが終わると、「開口一番」の時間になる。これは藝祭の開幕宣言とでもいうべきもので、学長の挨拶（あいさつ）から始まって神輿の表彰へと続く。

「学長、よろしくお願いいたします」

司会の声に頷（うなず）き、宮田学長が柔和な笑顔で登壇する。マイクを手に取る。

そしていきなり、絶叫！

「お前ら、最高じゃあああああァ！」

やんややんやの大喝采。学長、扇子をぶん回しながら続ける。

「毎年見とるけど、今年はとぉーくによかった！　最高！　素晴らしい！　ええか、これからの日本には、お前らの力が必要なんじゃあああああァ！　ニッポンの文化芸術を背負うのは、お前らじゃあああァ！　以上ッ！」

会場大ウケ。かくして三日間の藝祭の幕が上がる。

立ち聞きにも長蛇の列

さあ、藝祭だ。

美校では各棟が開放され、所狭しと展示物が並ぶ。その点数は数百に及ぶだろう。全て目を通すには、三日間たっぷり歩き回ることになる。ちなみに僕の万歩計は、一日あたり二万歩を記録した。

展示の種類も彫刻、日本画、油画、工芸品、インスタレーション、現代アート、アニメに映画と盛りだくさんだ。一口に彫刻と言っても、学生ごとに個性は様々。中には空気で膨らませた彫刻、何かの毛で作られた絵画など、思わず首をひねるようなものまで。一つ一つ見ていると時間がいくらあっても足りない。

「この作品は凄く大きいね」

「あ、吉野の作品だね」

妻の同級生、吉野俊太郎さんの木像は高さが約二メートル、幅、厚みともに五十センチほどはある。

「材料を買うだけでも大変なんじゃない？」

「でも、学内オークションで買えば安いよ」

「……学内オークション？」

木や石など、彫刻材料のオークションが藝大では定期的に開かれているそうだ。

木彫室の中に巨大な木や石が所狭しと並べられ、希望者があたりを取り巻き、希望額を言う。文字通りの競り（せ）だ。当日出席できない人は、電話で競りに参加することもできる。教授も学生も、一緒になって競り落とすという。

「二百円くらいからスタートするからね」

「安っ！　儲（もう）け出るの？」

「元はタダだから。神社が木を切って、処分に困ってるからって藝大に運んで来たり。先輩が置きっぱなしにしていった木だったり。それらをみんなで分け合ってる」

「じゃあ、売上金はどうなるの？」

「彫刻科の飲み会に使われるみたい」

美校は相変わらずのゆるさである。

音校では、構内のホールでコンサートが開催される。

「常に、どこかで何かしらの演奏会やってるみたいだよ」

妻の言うとおり、全部で六か所あるコンサート会場では朝から夜まで、ほぼ引っ切りなしに演奏が続く。プログラムを見ると、その切れ目のなさに驚くこと間違いなし。

種類も、オーケストラ、合唱、オペラ、室内楽、尺八、三味線、能楽、ガムラン、口笛ライブ、作曲科による新曲お披露目など、盛りだくさん。

どれを聴きに行こうか迷ってしまう。

すでにプロとして活動している学生も多数存在するくらいだから、質は高い。何より全て無料なので人気も凄まじい。どの演奏会も超満員で、整理券は必須だ。そして整理券は朝から並ばなければまず手にできない。廊下では立ち見ならぬ立ち聞きをしている人がいて、それすら長蛇の列ができているくらいである。

すっかり藝大のファンになってしまって、毎年来ている人もいるという。

そういった方たちは最前列に陣どり、曲が終わると「ブラボー」と叫ぶそうだ。愛着と感謝をこめて、学生からは「ブラボーおじさん」と呼ばれている。

学園祭なので、出店もある。

焼き鳥、カレー、角煮丼といった食べ物と一緒にお酒やソフトドリンクが売られている。「燻製部」が出している、手製の燻製は絶品だ。

面白いのは各店の内装が妙に凝っているところ。例えば彫刻科の出店は料亭のような雰囲気だし、油画の出店は思いっきりパブである。

音校の出店ではゲリラ的に演奏が行われていて、こちらも楽しい。突然、横に楽器を持った学生が現れて、演奏が始まったりするのだ。フルートの演奏やカンツォーネを聴きながらだと、ちょっとしたおつまみでも凄く美味しく感じられる。

藝大と地続きの上野公園の広場では、藝祭アートマーケットが開かれている。

小さな店が立ち並び、藝大生が自らの作品を販売しているのだ。掘り出し物がたくさんあるということで、いつもたくさんの人で賑わっている。木から削りだされた箸、Tシャツ、漆の塗りもの、ピアス、指輪、服、置物、絵、謎のオブジェ……。とにかくありとあらゆるものがあって、見ているだけでも楽しい。

「これは一次元の音が聞ける楽器です。おひとつどうですか」

音環の黒川岳さんに差し出された、銀色の細い棒から糸電話が伸びたような楽器を鳴らすと、澄んだ綺麗な音がした。一次元の音かどうかは……わからない。

「どう、売れてる？」

妻が彫刻科の同級生に声をかけている。

「ぼちぼちでんなー」

店頭には、レンコンの形をした陶器の箸置きが並べられている。どれも手作り。素朴な色の可愛らしい出来だ。

「パワーストーンも売ってますよ」

黒や白の綺麗な石が、百円と書かれていた。妻が言う。

「……これ、彫刻の端材でしょ。ゴミ箱にあったやつ……」

「ばれたか」

本物の大理石や御影石だから、一応パワーストーンになるのかもしれない。


ミスコンは団体競技？

学園祭と言えば、ミスコンテスト。藝大にもミスコンはあるのだが、これが何とも濃い。濃すぎる。全員が変化球しか投げてこないのだ。

ミス藝大はチーム戦のかたちを取っている。モデル、美術担当者、音楽担当者の三者でチームが組まれ、美を追求した作品を作り上げるという仕組みだ。各チームは事前に簡単な紹介文とPR動画を公開し、当日は舞台でパフォーマンスを行う。

「次のパフォーマンスは、チームC、お願いします」

司会が言う。妻と僕は、固唾を飲んで舞台を見守っていた。

「これ、PR動画で『黄金の国ジパング』って言ってたやつだよね」

「うん」

PR動画は、どこか縄文時代を思わせる空間から現代の都市まで、泥団子を手にした女性が歌いながらさまよう、というものだった。モデルは黄金の国ジパングの女王であり、金の泥団子を献上させる儀式を行う、と説明が付記されている。何が何だかさっぱりわからない。

厳かなヴァイオリンの生演奏のなか、いよいよモデルが姿を現す。

「……金色だけど」

「金色だね」

全身に金箔を貼ったその姿は、まるで全裸の宇宙生物だ。モデルは一切まばたきをせず、常にぼんやりと虚無を見つめている。

なぜ金箔を貼るのだ。普通にしていれば綺麗な人なのに。

「これより女王に、玉込めの儀式を行います」

アナウンスとともに、音楽が激しいロックに変わった。全身黒タイツの男たちが大量に現れる。男たちは股間に文字通りの金色の玉を掲げている。ゴムのボールを金色に塗装したのだろうか？　それぞれ玉を二個持ち、妙な踊りを舞いながら、かわるがわる金塗りの女王に近づいて、玉を乱暴に押し付ける。悲鳴を上げて喘ぐ女王。男たちは玉を押し付けると、無責任にもどこかへ消えていく。

やがて儀式が終わると、女王だけが大量の玉とともに残される。そして女王は一人、舞台を去っていく……。

「美しさって何かしら？　自分のための美ってあるのかしら？」

そう、言い残して。

「チームCのパフォーマンスでした。チームCの皆さん、ありがとうございました」

会場は重苦しいまでの沈黙。

「さて、次のチームが準備を終えるまで、少々お時間を頂きたいと思います。どうでしたか、チームCは。審査委員長」

「……コメントに困る」

その言葉に、全員が頷いた。

司会は淡々と続ける。

「さて、「チームＤのパフォーマンスです」

チームＤは、ＰＲ動画の時点ですでに話題になっていた。『該当者なし』と謳った

動画は、爽やかな口調でミスコンの意義を問うものになっている。ざっくりとした内容はこうだ。

ミスコンへの関心が薄まりつつあるなか、ミスコンはどんどん形骸化し、アナウンサーへの登竜門だとか、ビジネスイベントに近いものとなっている。本来の美少女とは希少価値であり、崇高なもの。大人の利権や都合で、毎年無理して選ばなくてはならないようなものではない。だから、『該当者なし』という選択肢を設けようではないか。

唯一のモデルなしのチーム。ミスコンというイベントに対する挑戦とも言える。主張にはなるほどと頷ける部分もある。

「でも嫌な予感するね」

「うん。嫌な予感する」

チームDのパフォーマンスが始まった。表彰式でお馴染の、エルガー『威風堂々』が流れ、黒子が一つの人形を舞台に置いた。会場に戦慄が走る。

それは藁人形だった。胴体にはでかでかと「ビッチ」と殴り書き。いかにも適当に作られた胸、かつら、ぼろぼろの服。その有様からは、男に媚を売る女への怨嗟が、これでもかと滲み出ている。スピーカーから女性の声が流れ始めた。泣きじゃくる声。

「このたび、こんな、こんな賞を貰えたのは、本当に、皆様の応援のおかげで、有難うございますうう、こんな勉強不足の私、自信はなかったんですけど、凄く驚いていて、なんていうか、これからも頑張っていきたいと、思いますうう、ぐふううう」

リフレインしながら、ミスコンでお決まりの台詞が幾重にも重なって流れ続ける。ビッチと書かれた呪いの藁人形にスポットライトが当たり、延々とぶりっ子台詞が垂れ流される。

会場は絶句。のち、大爆笑。

言いたいことはわかる。だが、実際にやってしまうのが凄い。

この後、音校に向かったために最後まで見届けることはできなかったのだが、優勝したのはチームCでも、チームDでもなかった。どうやら、あれを上回る女王が存在したようだ。

夜更けのサンバと「突き落とし係」

藝祭のシメは、サンバパーティーだ。

なぜか藝大生はサンバが大好き。サンバがなくては終われないそうだ。

夜も更けはじめた頃、藝大「サンバ部」の面々がステージに上がり、無尽蔵のスタミナで演奏を始める。かなり本格的なサンバで、衣装を身にまとった踊り子までいる。

ステージ上には楽器も持たず、踊ってもいない学生が何人かいる。

学生たちは全員、飛んだり跳ねたりビールをぶちまけたりしながら盛り上がる。

「あの人たちは何してるの？」

轟音のなか、耳のそばで聞くと、妻が答える。

「突き落とし係だよ」

「え、突き落とし係？」

「突き落とし係」

意味は間もなくわかった。どういうわけか、おそらくは盛り上がったあまりなのだろう、ステージに上ろうとする者が現れるのだ。彼らは突き落とし係によって、ステージから落とされる。落ちても、人がぎゅうぎゅうなので受け止められて怪我はしない。また別のところから、ステージに這い上がろうとする者がいる。そのたびに突き落とし係はあちこち走り回り、突き落としにかかる。まるでモグラたたきである。

みんな嬉しそうに這い上がっては、楽しそうに突き落とされていく。汗だの酒だのがそこらじゅうに撒き散らされ、しぶきを上げる。

「……カオスだね」

「カオスね」

いろんな意味で藝大生のパワーが感じられる三日間。ぜひ一度、足を運んでみてはいかがだろう。

14. 美と音の化学反応

吉野俊太郎（彫刻科）
小野龍一（作曲科）

同級生は自分だけ

藝大はとても少人数な大学である。学生数は、美校と音校合わせた合計でも約二千人しかいない。

学科ごとに分けると、より少なさが実感できる。

例えば指揮科の入学定員は、一学年たったの二人。美校では建築科で十五人、彫刻科が二十人、音校でも楽理科二十三人、作曲科十五人と、おおむね十人から三十人ほどの学科が多い。

器楽科などは入学定員が九十八人なので多く感じられるかもしれないが、たくさんの楽器専攻が含まれているからである。ピアノ、オルガン、ヴァイオリン、ヴィオラ、チェロ、コントラバス、ハープ、フルート、オーボエ、クラリネット、ファゴット、サクソフォーン、ホルン、トランペット、トロンボーン、ユーフォニアム、チューバ、打楽器、チェンバロ、リコーダー、バロックヴァイオリン。全部で二十一種類！

九十八人が二十一の専攻に割り振られるので、同じ専攻の同級生は必然的に少なくなる。

安井悠陽(ゆうひ)さんが在籍するファゴット専攻の三年生は、四人。

尾上愛実(なるみ)さんが在籍する古楽リコーダー専攻の三年生は、一人。つまり尾上さんだけ。いや、一年生から四年生まで含めても、この専攻に在籍しているのは一人だけだ。

「その分、先生を独り占めできるので嬉しいですよ」とのこと。

工芸科の入学定員は三十人だが、六つの専攻に分かれるので各専攻は五人ほどになる。音楽環境創造科は二十人だが、六つの研究分野があるのでやはり一人の教授が三～四人を指導する体制なのである。

教授と学生の距離が近いのはもちろん、学生一人一人の距離も近い。

そこではどんな化学反応が起きるのだろう？

仏像を学ぶために音楽を学ぶ

「僕が藝大を目指したのは、仏師(ぶっし)の方の彫刻を見て、感動したのがきっかけですね。

僕は、仏像を彫ろうと思っていたんです。おじが寺につとめてまして、仏像には馴染があったこともあり、藝大で仏像修復の技術などを学んで、日本美術院に行こうかと」

長い前髪の奥から優しそうな目をこちらに向けて、彫刻科の吉野俊太郎さんが言う。

「でも、最初は落ちちゃったんです。浪人して、予備校に行きました。予備校ではデッサンや塑像の練習を、石膏像を見本にしてやりますよね。この石膏像にハマってしまったんですよ」

「石膏像にハマる？」

「最初は予備校の蔵の奥の、レアな石膏像を見つけ出して楽しんでたんですが。だんだんおかしいな、と思うことが出てきまして。調べるようになったんです。たとえば、受験で出題される石膏像ってほんの一部でしかないんですよ」

「そうなんですか？」

「もともと石膏像は、美術という概念と一緒に日本に入ってきました。明治維新の頃ですね。それまで日本には『彫刻』という概念はありませんでした。『木彫り』とか『民芸品』なんです。そこに西洋から彫刻という文化がもたらされ、彫刻を学ぶために石膏像が必要となったんですが……当時有名だった石膏像ばかりが、教育用、受験用に珍重されるようになり、そればかりを使うのが半ば常識のようになっているんです」

「みんなが同じ石膏像ばかり練習して、同じ石膏像ばかり試験に出るんですね」

「もっと変なこともあるんですよ。例えば、名前が間違ってるとか。似たような彫刻が混同されて、全然違う名前の石膏像として扱われてる」

「え！　間違ったまま扱われてるんですか」

「そうなんです！　名前だけじゃないんですよ。そもそも彫刻が正しいものじゃなかったり」

「？」

「元の形がわからないんです。例えば『ラボルトの頭部』。これ、凄く有名で、課題にもよく使われる石膏像なんです。石膏像の基本中の基本と言ってもいいです」

美術を勉強している人で、知らない人はいないという石膏像だそうだ。

「この像なんですが。実は鼻と、顎と、唇が欠損しているんです。ギリシャ時代の像なので……。それを十九世紀くらいに、フランスの彫刻家が修復したんですね。今出回っているのは、その修復した状態の像なんですよ」

「つまり、本来の形はわからないままなんですか？」

「はい。で、この修復なんですが。修復した当時の趣味が露骨に出過ぎているというか、過剰というか……変なんです。修復されたこの鼻、真っ四角なんですよ」

「真っ四角？」

吉野さんが、「ラボルトの頭部」の写真を見せてくれる。

なるほど、真っ四角である。直方体のようである。像の顔はでこぼこしているのだが、鼻の部分だけがすらっと直線状になっている。いくら後で修復したとはいえ、随分あからさまに質感が異なる。

「元の像の鼻が、どんな形だったかはわかりません。ですが、おそらく真っ四角ではなかったでしょう。でも、この真っ四角が素晴らしいとされて、日本ではたくさんの人がデッサンの練習に使い、試験にも出るわけです」

「何だか、不思議ですね」

「ですよね。悪いとまでは言いませんけど、何だかちぐはぐかなあと。勉強するなら、きちんとそういった経緯を把握したうえでするべきじゃないかなと……」

吉野さんは、思慮深そうな目を瞬（またた）かせた。

「あと、『ラボルトの頭部』といっても、別にラボルトさんの頭ではないんです」

「……どういうことですか？」

「ラボルトというのは、この像をアクロポリスの丘から発掘した人の名前なんですよ。

レオン・ド・ラボルト伯爵という方で。この像自体は、ポセイドンの奥さん、アンピトリテの首像と言われています」

入試を突破するだけなら、像の由来や修復の経緯、名前やモデルなんて知らなくてもいい。デッサンの腕だけを磨けばいい。

だが、吉野さんはそれだけでは満足しなかったようだ。

「石膏像だけでもこんなに知らないことがあるのだから、仏像をやる前に学ぶことがたくさんあるな、と思いました」

「石膏像をもっと学ぶということですか？」

「いえ、彫刻を学ぶ、ということです」

吉野さんはどこまでも真剣な目をしている。

最初は仏像だったが、それを学ぶために彫刻を学ぶ。

「でも彫刻を学ぼうとしたら、彫刻がいろんなものと繋がっていることがわかってきたんです。例えば、彫刻は建築とも繋がりがあるんです。どこに像を置いてどの部屋で見るかなど、建築的な考え方なしに成立できないんですね。だから、建築も学ばないとならないんです」

彫刻を学ぶために、建築を学ぶ。

「彫刻って彩色されることもあるんですよ。となると、顔料や絵の具の知識が必要です。つまり、絵画も勉強しなくちゃなりません」

絵画も学ぶ。

「絵画は、写真と関係が深いんです。写真ができた当時、絵画は『写真にできないこと』を目指し、写真と違う方向を目指すようにして発展してきました。ですから絵画を学ぶためには、写真のことも知らないとならないんです。しかしそうなると、写真の発展系である映像も学ばなくてはならなくて……」

写真も学ぶ。映像も学ぶ。

「ちょ、ちょっと待ってください。そのうち美術だけでなく、音楽まで学ぶとか、言いだしちゃうのでは？」

「実は、もうそうなってるんです。映像の中には音楽は欠かせませんから、やっぱり音楽についてきちんと知っておかないと。音楽を直接聴くのもそうだし、成り立ちや歴史も……」

苦笑する吉野さんだった。

吉野さんは彫刻科に在籍しながらも、音校の生徒とも積極的に関わるようにしている。さらにコンサートを含む、様々な展示会、イベントに足を運んでいるという。

「最近、京都や大阪くらいだったら、さほど遠いと思わない自分に気づいて」

「そんなところまで行かれるんですか？」

「本来はわりと引きこもりなんですけどね。でも、ちゃんと調べようとすると足を運ばざるを得ないんです」

「でも、当初の『仏像』という目的とは離れてきちゃいますね」

「そうですね。僕自身も迷ってるんです。これからどうなっちゃうのかな、と」

「彫刻科では、どんなことをされてるんでしょう？」

「現代的な素材、例えばプラスチックだとか、そういったものに取り組んでみたいと思ってます。伝統を受け継ぎ、守っていくという考え方もある一方で、芸術の新しい発展を生み出していくという考え方もありますよね。僕はそっちの方が気になってて。伝統を否定する気はありませんけど、それだけに偏りたくないんです」

「そういえば、三年生から講座を決めますよね」

彫刻科では、一、二年生のうちは基礎課程として様々な素材を扱うそうだ。粘土、木、石、金属、樹脂……一通り経験したところで、三年生からは講座に入る。講座は教授二人に対し学生数人で構成され、より専門的な作品制作を行うという。

「はい。僕は、木彫と粘土の教授がいる講座に入りました。そこの教授は大ベテランで、伝統的な手法について深く学べるんです」

「新しい素材に興味があるのに、伝統的な手法を学ぶ講座を選んだんですね」

「伝統的な手法は、やはり教授に学ぶのが一番だと思うんです。逆に新しい手法は、自分の肌で直接触れながら学んでいこうと。現代の世相に一番敏感でいられるのは、自分たちだと思うんですよ」

芸術に真摯に向き合っているからこそ、言える言葉だと思った。

吉野さんは今日も、音楽を聞きながら美術のことを考えている。

売れる曲も、売れない曲も

「美術も知っておかないと、音楽はわからないと思うんです。それに、時代の変化は美術から訪れるような気がしていて」

作曲科三年生の小野龍一さんが、つぶらな瞳でそう言う。

「だから音楽に限らず、学校の中でもいろんな集まりに顔を出したり、展覧会に行ったりして見聞を広めています。こないだは先端芸術表現科の人のお手伝いをしました」

小野さんは先端の植村真さんと、アート展示を一緒に行ったことがあるそうだ。音環の黒川岳(がく)さんの「ほくろさんぽ」にも、手伝いとして参加している。演劇のＢＧＭなども、手がけているという。

そんな小野さんは、野心家でもある。

「人脈を広げて、どんどん活動の幅を広げていきたいです。できれば学生のうちに、作曲家として名を上げたくて。もともと僕、歌手になりたかったんですよ。それから小説家を目指して、お笑い芸人を目指して、ピアニストを目指して。けっこう迷走してきました。ある時、坂本龍一さんの曲を知って、名前が同じということもあって、憧(あこが)れたんですね。それで今は作曲家を目指しているんです。夢は大きく、アカデミー作曲賞を二回取ること、って思ってます。いつか取れたらいいなあ……」

小野さんは、ちょっと恥ずかしそうに笑った。

「藝大ってやっぱり二世の子も多いんですよ。両親がともにオーケストラ奏者とか。私も、母がピアノの先生で、音楽漬けの家でしたしね」

楽理科の本庄彩さんの言葉だ。

「作曲の小野君は、お父さんもお母さんも、音楽とは関係ない普通の人。でも、小野君は音楽が好きになって、そして藝大に入った。不思議だなって思います。私みたいに音楽一家だったのに、いやいやピアノに取りくんできた人もいれば、小野君のように普通の家で、音楽が大好きになる人もいる。そして、そんな小野君の作る曲が、とっても素敵なんです」

「高校はピアノ科だったんです。でも、だんだんと既存の曲を弾くのが嫌になってきちゃったんですね。代わりに自分だけの曲を作るのが楽しくなって。それからですね、作曲をするようになったのは。作曲科では年に一、二回課題提出があります。それから、楽曲の研究や技法の座学がありますね」

歌曲、室内楽曲、管弦楽曲……課題ごとに様々なタイプの曲を作るそうだ。卒業制作曲のうち、最優秀作品は、藝大に所属するプロオーケストラ「藝大フィルハーモニア」によって演奏される。小野さんは続けた。

「課題以外の作曲も家でやっています。演奏会のために書き下ろしたり、コンクール用の曲を作ったり……僕の場合は、うまくいった時で、一か月に一曲くらい作っています」

「その一曲、どれくらいの長さなんですか？」

「十分前後というところです」

十分の音楽を作るのに、一か月をかけるのだ。一秒一秒に、濃密な魂がこもっている。

「作るのが辛くなったりはしませんか？　売れる曲と売れない曲とがあるでしょうし」

「うーん、確かに売れる曲と売れない曲はありますね。でも優秀な人って、抜かりなく両方ともやっているんです。やることは同じで、見え方が違うだけなのかも……。それに、人に理解されないような曲でも、価値はあると思うんです」

いくつか例を挙げながら、小野さんが説明してくれた。

「例えば現代音楽で、偶発性のある曲、毎回展開が違う曲、というものがあるじゃないですか。でも、実は十八世紀にすでにそういうものはあるんですよ。サイコロを転がして、出た目によって演奏する音を変えるという楽譜が」

「そんな昔にですか？」

「はい。それからBGMというものがありますよね。BGMの概念は二十世紀後半に確立されたとされているんですが、実はもっと前にもあるんです。それはエリック・

サティの『家具の音楽』。この楽譜には、『聴かないでください』と書かれているんですよ。意識して聴いてはいけなくて、ただそこにある音楽、これはまさにBGMのことですよ」

「BGMは今はもう、常識みたいになってますよね」

『家具の音楽』が初めて演奏された時、聴衆は当たり前のようにこの曲を聴こうとした。だからサティは「おしゃべりを続けるように！」と言ったが、理解してもらえなかったという。時代を先取りしすぎていたのだ。

「すぐに理解されないものでも、それはやがては何らかの形で結実するのかもしれません。だから無駄なものはなくて、いつか役に立つんだと思います」

無駄なものはない――。

作曲活動だけでも十分に忙しい小野さんが、貪欲(どんよく)に美術まで吸収しようとする原動力は、そんな思いからくるのだろう。

「まあ、売れるものなら今すぐ売れたいですけどね。そんなに世の中、甘くないですよね。もっと勉強して、努力しなきゃ」

小野さんが笑ってから、ちょっと照れくさそうに言った。

「今、お付き合いしている女性は、僕の曲が一番好きだと言ってくれるんです。そういう人がいるのって、嬉しいですよね。これからも頑張ろうって思います」

「うーん、不思議なんですよ……世界が広いんです」

小野さんの曲について、楽理科の本庄さんに尋ねてみる。

「がちがちのクラシック、というわけでもないし。堅苦しくなくて、でも綺麗(きれい)で……自由ですね。他の人と全然違う気がするんです。だから私、彼のこと支えていきたいんです。今後どうなるか、まだ不安もありますが……」

少しだけ頰を赤くして、本庄さんはにっこり笑った。

美術と音楽の融合

「ずっとクラシックバレエをやっているんです。僕は感情表現が苦手なほうなんですけれど、そんな自分を改善したいと思って今でも続けています」

そう話すのは、建築科の荒木遼さんだ。

今でこそ建築を勉強している荒木さんだが、両親が美大出身ということもあり、絵を描くことがライフワークだったという。さらにピアノも習い、音楽と美術に囲まれて過ごしてきた。

「そのせいか、音楽にもけっこう興味があります。美術と音楽にどう接点を持たせ、存在させたらいいのか、という意識は常にあるんです」

「それを活かして、建築にも携わっていくんでしょうか？」

「………」

荒木さんはしばらく考え込む。それから、声を潜めて答えた。

「まだ、悩んでいるんです。踊りと建築、音楽と美術……結びつきそうで、なかなか結びつかないんです。何とかしたいんですよ。何とかしたいんですが、どうしたらいいか……」

絵画科日本画専攻の佐藤果林さんも、音楽と美術の融合を意識している一人だ。

「同じ日本画専攻の高橋雄一君と、グラフィティを試してみたこともあるんですけど。でもちょっと私には厳しかった。スプレーのトリガーを押し続けるのってけっこうきついんです。指の筋肉が二十分くらいしかもたなくて。あと、体格的にも」

たしかに、佐藤さんは小柄である。

「大きな円を描くには大きな体があったほうが有利なんです。思ったようにできなくて、合わないなって。でも今は、ライブペイントやっているんです」

「ライブペイント？」

「お客さんの前で、即興で絵を描くんですよ。他の人のライブペイントを見たんですが、パフォーマンス性もあって、かっこいいんです。こないだは作曲科の子と組んで、即興の演奏と一緒に、即興で絵を描くというイベントをやりました」

「それは面白そうですね！」

「今度、また別の舞台をやるので、よかったら見に来ませんか？」

ライブで人を楽しませる。伝統的な枠に縛られず、パフォーマンスする。そう、絵は日本画だけじゃないし、音楽はクラシックだけじゃない。

「僕はポップス系を志向しているんですよ」

声楽科の井口理(さとる)さんが言っていた。

「クラシックやミュージカルよりも、そっちの方が好きなんです。演劇や即興の演奏も好きですし、ジャズライブの助っ人もやってます。今後、曲を作ってCDを出していくつもりなんですよ」

夕方の代々木「白寿ホール」。

佐藤さんに誘われて、僕と妻は「目で聴く音で観る即興コンサート」にやってきた。このコンサートは、藝大の即興・創造講座の履修者を中心に、すべて即興で行われるという。

舞台が始まる。タイトルは「春夏秋冬」。箏と尺八による即興演奏のなか、佐藤さんが舞台に現れた。ステージには、畳一畳ほどもある紙が四枚並べられている。しゃがみこむ佐藤さん。絵の具を混ぜ合わせると、気合い一閃、びしりと筆を紙にたたきつけた。演奏のテイストが変化するのに合わせて、佐藤さんは一枚ずつ描いていく。

抽象的な絵だったが、それは四季を感じさせた。春は何かが芽吹くような黒い染み、夏は大胆な太い横線の上に、赤い半球が浮かぶ。秋は複数の線の上に楕円、冬は漆黒の中、縦に走る白線……。完成すると、今度はこの絵を元にイメージを膨らませるかたちで、サックス奏者とピアノ奏者が即興演奏を行った。

プログラムの最後は、声を使った即興演奏だ。

声楽科の井口さんがステージの端に座り、マイクを握って声を出す。それは歌のようでもあり、ジャングルから聞こえてくる動物の声のようでもある、不思議な音だった。実際の声にさらに録音の音を重ね、ピッチを調節することで幻想的な音の世界を作り出しているようだ。

ステージの中心には、羽衣（はごろも）のような半透明の幕がかかっていた。幕にはプロジェクターによって、海のような波のような、揺らめく青い映像が映し出されている。天井には万国旗のように塩化ビニル製のシートが無数に並んでいて、青い光はそれらにも反射してきらきらと輝いている。

羽衣の後ろで、即興のダンスが行われていた。

井口さんが作り上げる音のなかで、先が予想できない独特の動きが繰り広げられる。長い手、長い足。建築科の荒木遼さんだ。

「即興といっても、どこまで準備するのか、どこからはぶっつけ本番でやるのか。そのバランスが難しかったです」

荒木さんが藝大の食堂でパソコンを開き、ソフトを立ち上げる。

「即興コンサートでは、ＣＡＤという、建築科で使うソフトで設計して舞台を作りました。映像もあらかじめ作ることで、世界観を作り上げようと試みたんです」

ディスプレイには舞台となった白寿ホールの３Ｄモデルが表示され、そこに重ねる形で塩化ビニル製のシート、羽衣状の布の配置図が表示されている。

「実際にやってみると、これがなかなか難しかったです……」

荒木さんの顔から、まだまだ勉強しなくては、との思いが伝わってくるようだった。

藝大だから

「藝大じゃないとできないことばかりですよ。特に、美校の人たちの存在は本当にありがたいです」

打楽器専攻の沓名(くつな)大地さんが、大きな目を見開いて言う。

「鉄板に溝を入れて、擦(こす)って音を出す打楽器が必要だったことがあるんですね。ギロのような。だけど自分じゃとても作れないから……美校の人にやってもらいました。他にも、楽器を吊(つ)り下げたい時に、吊り下げるための穴を工芸科の人にあけてもらったり。美校さまさまです。すぐに、やってくれましたから」

美校に持ち込んだところ、見事に綺麗な穴があいたという。

「デザイン科としては、仕事がとてもやりやすいですよ。藝大にはいろんな専門家がいますから。だいたい何であれ得意分野の人がいるんです。いろんな人に依頼することで、質の高いものが作れます。例えば音楽だったら作曲科の人、演奏が必要なら器楽科の人、声なら声楽科、イラストなら絵画科……そんなふうにして、いいところを集めて仕事が進められるんですね。作曲科の小野君とも、何度か仕事しましたよ」

デザイン科の中田みのりさんが笑うと、唇の下で銀のピアスが輝いた。

別々の科が協力して、何かを作り上げることは多いという。

「僕は最近、考えが変わってきたんです」

以前、口笛で食べていく気はないと言っていた音楽環境創造科の青柳さんが、僕に伝えた。

「ずっと安定志向だったんです。変化してきたのはここ一年ほどですかね。この大学でいろんな人が自分の道を突き詰める姿を見て、格好いいなと思って。他大学の学生にも、強みを生かしなよと応援されて。演奏会で喜んでもらえて、仕事を頂けることが増えて……。そういったことが積み重なり、今は夢を追いたい、そんな思いが安定を求める思いに勝りました」

藝大での時間は、青柳さんの心にも刺激を与え、百八十度の転換を起こしたのだ。

「これからまた、考えは変わるかもしれません。でも、今は口笛で進んでいくと決めたんです」

「音校の人って、即興の演奏でもめちゃくちゃカッコいいんですよね」

日本画専攻の佐藤果林さんが言う。

「……即興イベントをやってから、音校の人に顔を知られるようになったみたいで。いろんな依頼が来るようになりました。こないだは邦楽科の方がCDを出されるということで、表紙の絵を描かせていただいて」

「CDのジャケット絵を、美校の人に描いてもらったんですよ！」

邦楽科の川嶋志乃舞（しのぶ）さんが着物に身を包み、三味線を抱えて写るCDのジャケット。背景には、佐藤さんが日々追求しているという、模様のような絵が描かれている。写真と絵が見事にマッチし、ポップでかわいい「ニッポンカワイイカルチャー」をばっちり演出していた。

「私たちは、彫刻や絵画を見るとテンション上がりますよ！」

と、リコーダー専攻の尾上愛実さん。

「私、バロック音楽のファンだけじゃなくて、そもそもバロックファンなんです。バロック期の彫刻って情感に溢れてて、いいんですよ」

古楽を学ぶ学生は、演奏者でもあり考古学者でもあった。そのせいか楽理科や美術学部との接点が多く、話も合うという。一緒にバロックのよさについて話し合い、盛り上がったりするそうだ。

「はあ……」

ホルン専攻の鎌田渓志さんが所属する木管合奏団の演奏するカルメンを聴き、妻が思わず溜め息をもらす。

「やっぱり音校の人は凄いなあ……」

その、迫りくるようで、かつ繊細なメロディ。普段クラシックなど聴かない妻であっても、聴き惚れてしまうようだ。

フルート、オーボエ、クラリネット、ホルン、ファゴット、ピアノ、各専攻に属する学生たちの実力はもちろんのこと、編曲を手掛ける作曲科の学生、そしてプロデューサーとして縁の下で支える楽理科の本庄彩さんの力があってこそだ。

「美校の人たちって天才ですよね。もう、天才！」

ハープ専攻の竹内真子さんは、入学してすぐ、藝祭の神輿を見てそう思ったそうだ。

「私たちも一応、一緒に作ることになってるんですけど、ほとんどは美校の人たちがやるんです。あのクオリティ、信じられないですよね」

弦楽器専攻とチームを組むのは芸術学科。竹内さんが感動した神輿を作ったのは、芸術学科の真子千絵美さんや藤本理沙さんだ。

美校と音校の敷地が繋がっているように、美術と音楽は繋がっている。藝大は個々の力も魅力的だが、その中で起きている化学反応も、とても魅力的だ。


美と音の校門の間で、僕はしばらく立ち止まる。

音校の入り口に車止めの標識が置かれている。車の形をしたそれは、何だか素朴で可愛らしい。近寄り、観察してみた。

裏側に『彫金研究室　制作』との刻印。

美術と音楽は、こんなところでも協演している。

取材に協力してくださった方々に、改めて御礼申し上げます。

本作に盛り込んだのは学生さんたちの魅力のほんの一部であり、また藝大生の中の限られた学生さんたちであることを、お含みおきください。

本書の取材は二〇一四年十二月から二〇一九年一月にかけて行いました。文中の年齢、肩書、制度などは取材時のものです。

対談──学長って、大変ですか？

東京藝術大学学長　澤　和樹×二宮敦人

澤　二宮さんとはじめてお会いしたのは、著書（本書の単行本版）を出版されたあとでしたね。

二宮　はい。本がこんなに話題になると思わなくて、編集さんが「とにかく学長さんに面通ししましょう」と、お詫びに伺った次第で。

澤　タイトルもカバーも、とても目を引きますよね。実際、メディアにすごく注目されまして、中にいる我々には当たり前でも、藝大というのは世間から見ると、まさしく秘境だったんだなぁと……。二宮さんは奥さまが美術学部の学生だったということで、興味を持って取材してくださったわけですが、それが文学作品として非常にアピールするものになった。ですから、お詫びには来られたんですが、私が申し上げたのはお礼だったんです。

二宮　すごくホッとしました（笑）。最初は妻の友人たちから取材し始めたんですが、皆、本当にキャラが濃かったですね。

澤　口笛の上手な人とか、一芸に秀でた学生たちがこんなにいるのかと驚かされました。とくに美術学部に関しては、私も学長になるまでは、ほとんど知りませんでしたから。

二宮　音校（音楽学部）と美校（美術学部）って、意外と行き来がないんですね。

澤　そうですね。藝祭（学園祭。毎年九月上旬に開催）をきっかけに知り合うことはあるかもしれないけど……。私も大学一年（音楽学部器楽科）のときは、煙に巻かれながら焼鳥を焼いてました。

二宮　本当ですか⁉

澤　はい。でも音校生にとって秋はコンクールの季節で、それに向けて頑張る時期なので、私も意外と藝祭の思い出は少ないんです。

二宮　そうか……。でも、藝祭では音楽学部の演奏会もたくさんあって。あれが無料だなんて、なんてありがたいんだろうと。取材をして、自分の中では、芸術に対する意識が変化したように思います。最初は「面白そうな世界だ」くらいの気持ちだったんですが、実は当時の僕にとっては芸術というのはハードルが高くて、あと、なんとなく自己満（足）な感じもあるのかな？　と捉えていたんです。

澤　ええ。

二宮　でも、学生さんたちに話を聞いて、生身の彼らに接すると、「この人も人間なんだな」「いろいろ悩んだり考えたりしながら、ものを作ったり演奏したりしてるんだ」ということがわかる。そうすると、よくわからない絵や演奏への見方が変わっていって……。本を仕上げる頃には、もっと皆、藝祭や個展、演奏会に行けばいいのに！　と思うようになりました。彼らが芸術で食べていけるようになったら、もっといいものが出てきて、世の中がさらに楽しくなるんじゃないかと。

澤　ありがたいですね。美術部だったということですが、奥さまとの出会いはそこで？

二宮　いいえ、僕は漫画家を目指していた時期があったんですが、当時、作画の手伝いをしてくれていた人がやめるときに「私の知り合いに絵のうまい子がいる」と紹介してもらったのが、当時高校二年生の妻だったんです。

澤　ほぉ。

二宮　でも藝大受験を考えているというので、そんな場合じゃないだろうと。一浪して合格したあと、あらためて来てもらったんですが、妻は、デッサンはできても漫画が描けないタイプの絵描きだったんですね。それで頓挫(とんざ)したんですが、資料の整理とかを手伝ってもらっているうちに、なんとなく……。

澤　フフフ。

二宮　髪の毛がサイダーの飴玉みたいに真っ青で、「美術やってる子って、すごいんだな」と圧倒されました。二年生のときに結婚し、妻は学生結婚になったんですけど、誰にも反対されなかった。妻の担当教授も学生結婚をして子どもを持ったらしく、「自由にしろ」みたいな空気だったんです。

澤　私の妻も大学で一年下でしたが、確かに、学内にカップルは多いですね。

二宮　おかげさまで妻は無事、卒業しまして、今は小学校で図工を教えています。

澤　それはそれは、おめでとうございます。

二宮　彼女にとって藝大での四年間は非常に楽しい日々だったらしく、この本についても「楽しく学生生活を送って、それを話したら面白い本になって、おまけにお米を買うお金ももらえるなんて、最高だね」と（笑）。

澤　ハハハハ。

二宮　でも、いきなり一年生から四年生の全学年を担当することになったみたいで、今はなぜか家でテトラポットのぬいぐるみを作って、ストレスを発散していますね。

澤　テトラポットって、海岸にある？

のか。

二宮　はい。そのぬいぐるみを。なぜなのかはまったく……。「どうしてなの」って聞いても本人にもわかってなくて、ああいうインスピレーションって、どこから来るのか。

澤　ユニークですね。

二宮　僕も家で小説を書いたりしていますが、お互い、作っているものがぜんぜん違うので、ぶつかることはないですね。静かにしてほしくなったら、僕が喫茶店とかに行って。

澤　私もピアニストの妻とデュオで四十年以上活動していますが、家ではほとんど練習しません。もしぶつかることがあったら、ピアノは動かせないので、ヴァイオリンの私のほうが二宮さんのように外に行くことになるでしょう（笑）。

二宮　ハハハ。あと、これは取材をしながら思ったことなんですが、藝大の学生さんたちからは、「これで名を馳せるんだ」というような意識をあまり感じませんでした。功名心とか名誉欲がないというか……。「なんで描くの？」と聞くと、「いやー、よくわかんなくて」と。妻もそうですが、生まれつき「これが好き」というものを持ってしまった、それがすべての出発点だということなんでしょうか。音楽の人はもっとシンプルで、ヴァイオリンなら「ヴァイオリン、楽しい！」と、夢中になっている方が多かったように感じましたね。

澤　確かに、好きでないとできないという面はありますね。苦しみながらやっている部分もあるとは思いますが、その苦しみも、自分の大きな楽しみのためという気もしますし。

二宮　僕自身は漫画は物にならなくて、ＩＴ系に就職したんですが、就職活動のとき、三十社以上に落とされ続けて、すっかり嫌な気持ちになった。それで、世の中の人が死にまくるようなホラー小説を書いてウェブにアップしたら、それが意外と評判になって、じゃあチャレンジしてみるか？　ということで会社を辞めて小説家になりました。それから何とか五年間生き延びているんですが、藝大に行く人たちは人生のかなり早い段階で、人生の他の道を切り捨ててでも！　と思えたってことですよね。

澤　いろいろなケースがあると思いますが、私も自分で「やりたい」といって、三歳からヴァイオリンを始めました。周りの環境が影響することも多いかもしれません。親が音楽好きだったとか、音楽家であるとか……。私の娘もヴァイオリニストになっていますので。

二宮　へぇー。逆に、「親とは違う方向で行くぞ」ということにはならないんでしょうか？

澤　思春期に自我が芽生えて、「本当はやりたくなかったんだ！」ということは、よくあると思います。ですから私は、一貫して娘とは師弟関係にならないようにしてきましたね。厳しい先生であるよりは、優しいパパでいたいという、その、ずるい道を選んだと（笑）。

二宮　フフフ、それは正しい。（ノートを取り出す）あの、実は妻から「学長に質問したいこと」というのを預かっておりまして……。

澤　何でしょう。ちょっと怖いなぁ（笑）。

二宮　いや、くだらない質問なんですが……まず「どうやったら学長になれますか？」

澤　ハハハハ、いきなり。いや、実は、なりたくてなったわけではないんです。

二宮　え？　させられたんですか？

澤　うーん、運命がそうさせた、というか。本来はあと六年続けるはずだった前任の宮田（亮平）金工作家）学長が文化庁長官になられたので、学長選考会議で次点だった私が、ということですね。音楽学部から学長が出るのは、三十七年ぶりだと聞いています。でも、果たして自分にできるのかと……一年目は、初心者マークもいいところでした。

二宮　そうなんですね。では、「学長になってはじめてわかったことは?」。たとえば「学食に専用の椅子(いす)がある」とか、そういう、学長特典みたいなことってあるんでしょうか。

澤　特典、ねえ……。この大学には、学長専用車すらありませんからね(笑)。ああ、学長に選ばれたら音楽学部を辞めないといけないこと、ですね。これは私も知らなくて、昨年三月の末、泣きたい気持ちで辞表を書きました。

二宮　ショックですね……。続いて、「学長をやっていて、大変なことは何ですか?」

澤　やっぱり、責任の大きさですね。それに、美術学部や映像研究科、二〇一六年から始まった国際芸術創造研究科という他の部門にも均等に目配りをしていかなければいけないということ。音楽学部出身だからといって、偏(かたよ)るようなことがあってはいけないし、でも音楽で育ってきた人間という部分は生かして、藝大の力を世の中に発信していけたらとは思っているんですが……。そういえば、はじめて出席した国立大学の学長の総会で、ヴァイオリンを弾かせてもらったことがありました。

二宮　へぇー。

澤　前学長が「新学長はヴァイオリン弾きだから、懇親会で演奏させるように」と言い置かれていたので、「タイスの瞑想曲(めいそうきょく)」を。

二宮　最高の自己紹介ですね。あと、逆に「学長でよかったことはありますか？」

澤　そうですね、知らなかった他の学部のすごさを知って「藝大って、やっぱりいいな」と思えたことかな。これは、二宮さんの本で教えていただいたことでもあるんですが。

二宮　いえいえ、そんな……。えーと、まだいいですか？「学長は、生まれ変わったら何をやってみたいですか？」

澤　やっぱりヴァイオリンをやりたい、かなぁ。そのときは、もうちょっと練習しようかなと。

二宮　なるほど……。ありがとうございます。妻も満足すると思います。藝大の人たちには好きなことをやっていていただきたいし、僕は今のままでも十分だと思うんですけど、一方で、もうちょっと世の中に、その活動が知られてもいいんじゃないか？と感じますね。本の反響を見ていても、藝大のことを知りたいという、潜在的なニーズはすごくあると思います。

澤　そうですね。秘境と呼ばれるような面白さは、当事者たちがあくまで自然体だから滲(にじ)み出るわけで、今後もそういう部分は貫いたほうがいいと思います。ただ、世の中との接触は、もう少しいいかたちでできたらなと。二宮さんが本に書かれていたように、「卒業したら行方不明」になるでもなく、ね。

二宮　ええ。僕も、取材した人たちのことは、そのあともずっと気になっていて。十年経って彼らがどうしているのか、追いかけてみたい気持ちになっています。

澤　ぜひ、そうなさってください。ところで、先ほどの質問をされるところをみると、奥さまは将来、学長の地位を狙っておられるのかな？

二宮　えっ！　彼女が学長になったら、藝大は本当に「最後の」秘境になるかも……。でも、もしその際は、ご指導よろしくお願いします！

（二〇一七年七月十三日発行　東京藝術大学広報誌『藝える』第一号より）

澤　和樹（さわ・かずき）
一九五五年和歌山県生れ。一九七三年東京藝術大学音楽学部器楽科に入学。七七年同大学大学院に進み、七九年に修了。八〇年より文化庁芸術家在外研究員としてロンドンへ留学する。ロン＝ティボー、ヴィエニアフスキ、ミュンヘンなどの国際コンクールに入賞するなど、ヴァイオリニストとして国際的に活躍。八四年に帰国。ソリスト、室内楽奏者として本格的な演奏活動を始めると共に東京藝術大学音楽学部器楽科専任講師に就任。副学長、音楽学部長を経て、二〇一六年四月、第十代東京藝術大学学長に就任。現在に至る。

あとがき

二宮敦人

　この本は、偶然世に出ることになりました。

　そもそも僕は小説を書いている人ですので、ノンフィクションなど考えてもなかったのです。しかしある日の飲み会で、藝大生の妻が大変面白いという雑談をしたところ、編集者さんが突然僕を指さして「二宮さん。それ、本にしましょう」と言い放ちました。随分酩酊（めいてい）しているようだと思ったものです。その時の雑談が、本書の「はじめに」部分になりました。

　様々な話題が出ては消える飲み会の中で「本にしましょう」と彼が言ったのはこの時だけ。当時僕は物理や化学が好きな時期でして、ビスマスの半減期や、金属を擬人化した小説案などについて熱く語らせていただいたのですが、それには特に反応はありませんでした。どんな世界でもプロの慧眼（けいがん）とは素晴らしいものです。

僕はまず、妻の話を聞くところから始めました。それから妻に同級生を紹介してもらい、その同級生にさらに同級生を紹介していただく、という形で本書の取材は進めました。運任せのわらしべ長者方式。誰かに目星をつけた上でインタビューを申し込む、ということはほとんどしなかったのです。あるいは、目星がつけられるほどの知識がなかったとも言えましょう。

とりあえず色々な人に話を聞き、全体像を把握しよう。それからピアノとか、油画とか、主要な学科や人物をピックアップして文章にしていこう。最初はそんな発想だったかと思います。しかし取材を進める内に、それが大いなる間違いであることに気づきました。

そもそも藝大に「主要でない学科」などなかったのです。

一人一人がオリジナルであり、各分野に奥深い世界が広がっていた。このあたりで僕は、これを一冊の本にするのは不可能ではないかと冷や汗を流し始めました。全学科を横断し、取材ノートは何十冊にもなりましたが、ページは限られています。ページ数があまり多くなると本のお値段が上がり、手に取ってもらいづらくなり、新潮社は儲(もう)からず、僕も明日のお米が買えなくなるようなのです。

そこで思い切って要素を絞り込むことで、何とか落とし込みました。これでも何章か最終稿から削っています。そのうち二章は「デイリー新潮」というウェブサイトで「『東京藝大』探検記」として再利用されましたので、ご興味がおありの方は覗いてみてくださいませ。

いかに行き当たりばったりで本が出来たかがおわかりいただけたかと思います。何が言いたいかというと、僕は僕なりに頑張ったのだなあという素朴な感想が一つ。もう一つが、文章にできた芸術の魅力、学生さんの魅力はほんの一部だということです。本とは作家が恣意的に作った窓のようなもので、素晴らしい景色は窓の向こうにございます。もし本書を読んで「素敵だなあ」と思うところがありましたら、ご都合の許す範囲で実際に芸術に触れに行ってみてはいかがでしょうか。

とても楽しい時間が過ごせるかもしれません。

本についてはこれくらいにして、妻の話をしましょう。

彼女はですね、相変わらずです。

僕たちは結婚当初、指輪を作りませんでした。ふと先日「結婚指輪を作りたい」と言われたんですね。そこで僕はいつ、どの指輪屋さんに行くかを相談しようとしたのですが、彼女の言葉はこうでした。

「デザインはこれでいい？」

突き出された紙には、指輪の絵がいくつか。そうですよね。この人は自分で作るんですよね。

妻は板状のロウを何日も何日もかけて削り、指輪の形をくりぬきました。それを鋳造屋さんに持っていくのです。皆様は鋳造屋さんに行ったことはありますか。銀行の窓口のようなところで、番号札を引いて待つんです。そして順番が来たらお姉さんに型を渡し、どの金属で鋳造してもらうかを伝え、郵送の手配などをして終わりです。

僕たちはホワイトゴールドを選んだのですが、鋳造代はたったの七百円でした。もちろん貴金属そのものの材料費が数万円、これに加算されますが、なかなかリーズナブルではないでしょうか。そもそも妻はケチだから自分で作っているわけではなく、作る工程を遊びとして楽しんでいるわけですから、本当にお得だと思います。

届いた指輪は指にぴったりで、当然ながら色々な意味で特別です。

少しだけ僕の話もしましょう。

このお仕事をさせていただく中で、たくさんの驚きがありました。普段芸術に触れている方にとっては当たり前のことが、僕にとってはあまりにも常識外、という衝撃です。習慣、持ち歩いているもの、街を歩いていて目が行く場所、お金の使い方、そんなところからして何もかもが違いました。そういう意味でやはり彼等は秘境に住んでいます。

ただ、本当の驚きはそこではありません。

思ったよりも意気投合できるということです。

たとえば僕は小説を書いていることもあり、作品作りの苦しみや、思うようにいかない時の悩みなどは共通する部分が多くありました。それ以外にも恋愛の話や、好きな漫画、酒の飲み方など、色んな話題で盛り上がる瞬間がありました。芸術は縁遠き世界だと勝手に思い込んでいたので、どこかほっとしたような思いです。

結局人間は、そう大きな違いのある生き物ではないのかもしれません。牛は食べるけれど鯨を食べることに反対する人、鯨は食べるけれど家畜は食べない人、主張は真っ向から食い違うかもしれませんが、深い思いがあって何かを食べないという点ではそっくりとも言えましょう。

異世界人に思える相手であっても、一段掘ってみると何ら変わらぬ隣人である。そんなことに気づけたのは、僕にとって素敵な経験になりました。

違うところを面白がり、同じところに感謝して。

そんなふうに文章を書いていきたいと思います。このたびは本書をお手に取っていただき本当にありがとうございました。今後ともどうぞよろしくお願い申し上げます。

（平成三十一年一月）

この作品は平成二十八年九月新潮社より刊行された。

武田綾乃著

君と漕ぐ
―ながとろ高校カヌー部―

初心者の舞奈、体格と実力を備えた恵梨香、上位を目指す希衣、掛け持ちの千帆。カヌー部女子の奮闘を爽やかに描く青春部活小説。

竹宮ゆゆこ著

心が折れた夜のプレイリスト

元カノと窓。最高に可愛い女の子とラーメン。そして……。笑って泣ける、ふしぎな日常をエモーショナル全開で綴る、最旬青春小説。

石井妙子著

原節子の真実
新潮ドキュメント賞受賞

「伝説の女優」原節子とは何者だったのか。たったひとつの恋、空白の一年、小津との関係、そして引退の真相――。決定版本格評伝！

石井光太著

「鬼畜」の家
―わが子を殺す親たち―

ゴミ屋敷でミイラ化。赤ん坊を産んでは消し、ウサギ用ケージで監禁、窒息死……。家庭という密室で殺される子供を追う衝撃のルポ。

福田ますみ著

モンスターマザー
―長野・丸子実業「いじめ自殺事件」教師たちの闘い―

少年を自殺に追いやったのは「学校」でも「いじめ」でもなく……。他人事ではない恐怖を描いた戦慄のホラー・ノンフィクション。

豊田正義著

消された一家
―北九州・連続監禁殺人事件―

監禁虐待による恐怖支配で、家族同士に殺し合いをさせる――史上最悪の残虐事件を徹底的に取材した渾身の犯罪ノンフィクション。

長谷川博一著

殺人者はいかに誕生したか
—「十大凶悪事件」を獄中対話で読み解く—

世間を震撼させた凶悪事件。刑事裁判では分からない事件の「なぜ」を臨床心理士の立場から初めて解明した渾身のノンフィクション。

稲垣栄洋著

一晩置いたカレーはなぜおいしいのか
—食材と料理のサイエンス—

カレーやチャーハン、ざるそば、お好み焼きなど身近な料理に隠された「おいしさの秘密」を、食材を手掛かりに科学的に解き明かす。

川上和人著

鳥類学者無謀にも恐竜を語る

『鳥類学者だからって、鳥が好きだと思うなよ。』の著者が、恐竜時代への大航海に船出する。笑えて学べる絶品科学エッセイ！

原田マハ著

楽園のカンヴァス
山本周五郎賞受賞

ルソーの名画に酷似した一枚の絵。秘められた真実の究明に、二人の男女が挑む！　興奮と感動のアートミステリ。

増田俊也著

木村政彦はなぜ力道山を殺さなかったのか（上・下）
大宅壮一ノンフィクション賞・新潮ドキュメント賞受賞

柔道史上最強と謳われた木村政彦は力道山との一戦で表舞台から姿を消す。木村は本当に負けたのか。戦後スポーツ史最大の謎に迫る。

高田文夫著

ご笑納下さい
—私だけが知っている金言・笑言・名言録—

志ん生、談志、永六輔、たけし、昇太、松村邦洋……。抱腹必至、レジェンドたちの〝珠玉の一言〟。文庫書下ろし秘話満載の決定版！

町田そのこ著
夜空に泳ぐチョコレートグラミー
R-18文学賞大賞受賞
大胆な仕掛けに満ちた「カメルーンの青い魚」他、どんな場所でも生きると決めた人々の強さをしなやかに描く五編の連作短編集。

津村記久子著
この世にたやすい仕事はない
芸術選奨新人賞受賞
前職で燃え尽きたわたしが見た、心震わすニッチでマニアックな仕事たち。すべての働く人の今を励ます、笑えて泣けるお仕事小説。

燃え殻著
ボクたちはみんな大人になれなかった
SNSで見つけた17年前の彼女に「友達申請」した途端、切ない記憶が溢れだす。世紀末の渋谷から届いた大人泣きラブ・ストーリー。

西東三鬼著
神戸・続神戸
戦時下の神戸、奇妙な国際ホテル。エジプト人がホラを吹き、ドイツ水兵が恋をする。数々の作家を虜にした、魔術のような二篇。

角幡唯介著
漂流
37日間海上を漂流し、奇跡的に生還しながらふたたび漁に出ていった漁師。その壮絶な生き様を描き尽くした超弩級ノンフィクション。

梅原猛著
天皇家の〝ふるさと〟日向をゆく
天孫降臨は事実か？　梅原猛が南九州の旅で記紀の神話を実地検証。戦後歴史学最大の〝タブー〟に挑む、カラー満載の大胆推理紀行！

江戸川乱歩著
江戸川乱歩傑作選
日本における本格探偵小説の確立者乱歩の処女作「二銭銅貨」をはじめ、その独特の美学によって支えられた初期の代表作9編を収める。

江戸川乱歩著
江戸川乱歩名作選
謎に満ちた探偵作家大江春泥――その影を追いはじめた私は。ミステリ史に名を刻む「陰獣」ほか大乱歩の魔力を体感できる全七編。

遠藤周作著
人生の踏絵
もっと、人生を強く抱きしめなさい――。不朽の名作『沈黙』創作秘話をはじめ、文学と宗教、人生の奥深さを縦横に語った名講演録。

梓澤要著
荒仏師 運慶
中山義秀文学賞受賞
ひたすら彫り、彫るために生きた運慶。鎌倉武士の逞しい身体から、まったく新しい時代の美を創造した天才彫刻家を描く歴史小説。

平松洋子著
味なメニュー
老舗のシンプルな品書きから、人気居酒屋の日替わり黒板まで。愛されるお店の秘密をメニューに探るおいしいドキュメンタリー。

千早茜・遠藤彩見
田中兆子・神田茜
深沢潮・柚木麻子
町田そのこ 著
あなたとなら食べてもいい
―食のある7つの風景―
秘密を抱えた二人の食卓。孤独な者同士が集う居酒屋。駄菓子が教える初恋の味。7人の作家達の競作に舌鼓を打つ絶品アンソロジー。

畠 中 恵 著
おおあたり
跡取りとして仕事をしたいのに病で叶わぬ一太郎は、不思議な薬を飲む。仁吉佐助の小僧時代の物語など五話を収録、めでたき第15弾。

畠 中 恵 作
柴田ゆう 絵
新・しゃばけ読本
物語や登場人物解説などシリーズのすべてがわかる豪華ガイドブック。絵本『みぃつけた』も特別収録！『しゃばけ読本』増補改訂版。

東 山 彰 良 著
ブラックライダー（上・下）
「奴は家畜か、救世主か」。文明崩壊後の米大陸を舞台に描かれる暗黒西部劇×新世紀黙示録。小説界を揺るがした直木賞作家の出世作。

小池真理子著
モンローが死んだ日
突然、姿を消した四歳年下の精神科医。私が愛した男は誰だったのか？現代人の心の奥底に潜む謎を追う、濃密な心理サスペンス。

佐藤多佳子著
しゃべれども しゃべれども
頑固でめっぽう気が短い。おまけに女の気持ちにゃとんと疎い。この俺に話し方を教えろって？「読後いい人になってる」率100％小説。

佐藤多佳子著
明るい夜に出かけて
山本周五郎賞受賞
深夜ラジオ、コンビニバイト、人に言えないトラブル……夜の中で彷徨う若者たちの孤独と繋がりを暖かく描いた、青春小説の傑作！

最後の秘境　東京藝大

—天才たちのカオスな日常—

新潮文庫　に - 33 - 1

平成三十一年四月一日発行
令和四年四月十五日十四刷

著者　二宮敦人
発行者　佐藤隆信
発行所　株式会社新潮社
郵便番号　一六二—八七一一
東京都新宿区矢来町七一
電話　編集部(〇三)三二六六—五四四〇
読者係(〇三)三二六六—五一一一
https://www.shinchosha.co.jp

価格はカバーに表示してあります。

乱丁・落丁本は、ご面倒ですが小社読者係宛ご送付ください。送料小社負担にてお取替えいたします。

印刷・株式会社光邦　製本・株式会社大進堂

ISBN978-4-10-101231-5 C0195